# Survival-Handbuch
# SCHULE

Anita van Saan • Petra Schmidt

arsEdition

Bibliografische Information der Deutschen Nationalbibliothek

Die Deutsche Nationalbibliothek verzeichnet diese Publikation in der
Deutschen Nationalbibliografie; detaillierte bibliografische
Daten sind im Internet unter http://dnb.ddb.de abrufbar.

© 2013 arsEdition GmbH, München
Text: Anita van Saan
Illustration und Gestaltung: elektrolyten, Petra Schmidt, München
ISBN 978-3-7607-9565-2


www.arsedition.de

# Inhalt

»Dein Schultag, der beginnt um sieben,
doch nicht, wenn du im Bett geblieben.«

Schülerweisheit

# Nichts als Ärger?

Tagein, tagaus dasselbe. Revolte überflüssig. Jeden Morgen, zu früher Stunde, muss man sich aus dem Bett quälen und halb schlafend mit einer schweren Last auf dem Buckel ein unheilvolles Gebäude betreten. Schule nennt sich die nervige Firma, in der Wichtigtuer, Sportskanonen, Streber und Zicken ihr Unwesen treiben, während Pauker langweilen, Leistungsdruck ausüben und arglose Schüler vor versammelter Mannschaft blamieren. Der Versuch, sich dem öden Spiel zu verweigern, zu streiken, zu fliehen oder auszuwandern, ist – solange man nicht mindestens 18 Jahre alt ist und über beträchtliche Geldmittel verfügt – von vornherein zum Scheitern verurteilt. Dem Monster Schulpflicht entkommt man nicht. Wer meint, die Frustzeit im Klassenzimmer mit Dösen, Schwätzen, Kichern und Abschreiben erträglicher gestalten zu können, der irrt gewaltig. Um im Dschungel des Schulalltags überleben zu können, sind ganz andere Strategien gefragt. Doch es gibt sie, die Survival-Tricks, die uns helfen, die tagtäglichen Anforderungen des Schulbetriebs stressfrei zu bewältigen und nach und nach kleine Triumphe zu feiern. Lies die nachfolgenden Seiten und lüfte das Geheimnis des Flows ...

# Schule lohnt sich doch

Den Unterricht kann man schlafend, essend oder mit dem Sitznachbarn flüsternd verbringen. Langweilige Vorträge lassen sich durch Tagträume ausblenden, Fragen oder Anweisungen einfach überhören, Hausaufgaben und Arbeiten gemütlich abschreiben. Den meisten Schülern bereitet es keine Schwierigkeiten, die Zeit bis zur nächsten Pause wie ein lästiges Übel über sich ergehen zu lassen und schlechte Noten einfach nicht so wichtig zu nehmen. Doch früher oder später rächt sich diese Einstellung. Irgendwann im Lauf seiner Schulzeit wird der Schulverweigerer feststellen, dass er sich selbst ein Bein gestellt hat und der Pauker am längeren Hebel sitzt. Lehrer haben nämlich leider nicht nur die Aufgabe, Lernwilligen Wissen zu vermitteln oder Begabungen zu fördern, sondern sind gezwungen, Schüler nach Leistung zu sortieren. Wer nichts gelernt hat, bekommt die Rechnung in Form einer schlechten Note und hat das Nachsehen: Jugendliche ohne Schulabschluss oder mit schlechten Noten haben später kaum Chancen im Berufsleben.

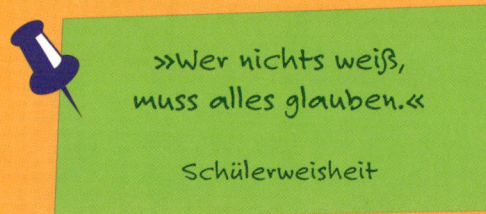

>>Wer nichts weiß,
muss alles glauben.<<

Schülerweisheit

## Traurig, aber wahr

Kaum zu vermitteln sind vor allem Schulverweigerer ohne Schulabschluss. Vom gesellschaftlichen Leben weitgehend ausgeschlossen, hängen sie oft ziellos auf der Straße herum und halten sich selbst für Verlierer. Jugendliche, die sich von Anfang an in der Schule anstrengen und einen guten Abschluss schaffen, haben es später im Leben leichter. Sie finden nicht nur schneller einen Ausbildungs- oder Studienplatz, sondern sind meist auch selbstbewusster, gesünder, glücklicher und beliebter als Schulverweigerer. Man mag das alles für ungerecht halten, doch daran wird sich wohl in absehbarer Zeit wenig ändern.

»Wer in der Jugend
die Wissenschaft missachtet, dem
bleibt die Vergangenheit verschlossen
und für die Zukunft ist er tot.«

Euripides, griechischer Dichter (480–406 v. Chr.)

✔ Warte nicht auf die Abschaffung der Schulpflicht, sondern nutze das kostenlose Bildungsangebot der Schule. Jetzt. Sofort. Sonst musst du später alles mühevoll nachholen.

✔ Sitze den Unterricht nicht wie ein gelangweilter Zuschauer ab, sondern nimm aktiv daran teil. Hör aufmerksam zu, melde dich, wenn du etwas zu sagen hast, und stelle Fragen. Du wirst bald merken, wie spannend der Lernstoff sein kann, wenn du dich intensiv mit ihm beschäftigst.

✔ Fordere deine Lehrer, denn sie sind es, die deinen späteren Lebensweg programmieren. Zeige ihnen dein Interesse, locke sie aus der Reserve. Ringe ihnen und dir selbst Höchstleistungen ab!

✔ Lass dich im Unterricht nicht von Klassenkameraden ablenken, die keine Lust haben zu lernen. Warum du nicht aufgepasst hast, interessiert später keinen.

✔ Bereite dich gut auf jede Unterrichtsstunde vor und erledige deine Hausaufgaben gewissenhaft (s. S. 64–67). Irgendwann zahlen sich die Mühen aus!

### Kennst du den?

»Lukas, kannst du mir erklären, wie auf eine einzige Seite deiner Hausaufgaben 28 Fehler kommen konnten?«
»Weiß nicht. Der Schulranzen war jedenfalls die ganze Nacht über verschlossen in meinem Zimmer.«

## Wer hätte das gedacht! – Menschen sind lernfähig!

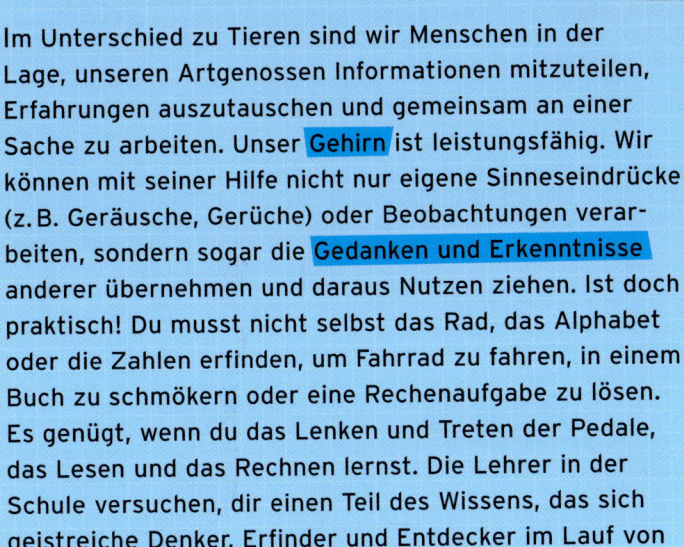

Im Unterschied zu Tieren sind wir Menschen in der Lage, unseren Artgenossen Informationen mitzuteilen, Erfahrungen auszutauschen und gemeinsam an einer Sache zu arbeiten. Unser Gehirn ist leistungsfähig. Wir können mit seiner Hilfe nicht nur eigene Sinneseindrücke (z. B. Geräusche, Gerüche) oder Beobachtungen verarbeiten, sondern sogar die Gedanken und Erkenntnisse anderer übernehmen und daraus Nutzen ziehen. Ist doch praktisch! Du musst nicht selbst das Rad, das Alphabet oder die Zahlen erfinden, um Fahrrad zu fahren, in einem Buch zu schmökern oder eine Rechenaufgabe zu lösen. Es genügt, wenn du das Lenken und Treten der Pedale, das Lesen und das Rechnen lernst. Die Lehrer in der Schule versuchen, dir einen Teil des Wissens, das sich geistreiche Denker, Erfinder und Entdecker im Lauf von Jahrhunderten erworben haben, im Unterricht zu vermitteln. Greif zu! Nimm das Bildungsangebot an. Schlau zu werden kostet dich keinen Cent, nur Zeit, Geduld und Aufmerksamkeit.

# Mannschaftsgeist im Klassenzimmer

Eine Schulklasse ist eine Schicksalsgemeinschaft. Wer mit wem in eine Klasse geht, bleibt meist dem Zufall überlassen. Ob es allen passt oder nicht, die Schüler sind dazu verpflichtet, gemeinsam dem Unterricht beizuwohnen und die Macken ihrer Klassenkameraden zu ertragen. Zum Glück trifft man im Klassenzimmer nicht nur Störenfriede, sondern auch nette Leute. Mitunter entwickeln sich dort sogar lebenslange Freundschaften. Man muss ja nicht gleich jeden Mitschüler zu sich nach Hause einladen und kann dennoch mit allen gut klarkommen. Die Klasse hat es selbst in der Hand, ob ihr Klassenzimmer zu einem Ort des Grauens oder einem Hort der friedlichen Begegnung wird. Schafft sie es, Störenfriede, Wichtigtuer und Zicken im Zaum zu halten und auch Einzelgänger oder Schüchterne in die Gemeinschaft einzubeziehen, werden sich alle wohlfühlen. Im Optimalfall macht sich wie in einer Fußballmannschaft ein Wir-Gefühl breit, das alle beflügelt und Angst aus dem Klassenzimmer verbannt.

> »Kein besseres Heilmittel gibt es im Leid als eines edlen Freundes Zuspruch.«
>
> Euripides, griechischer Dichter (480–406 v. Chr.)

10

## Gut zu wissen!

WIR

**Teamgeist** (auch Mannschaftsgeist oder Wir-Gefühl genannt) bringen Menschen auf, die zusammenhalten, um ihr Ziel zu erreichen. Nicht die Interessen des Einzelnen stehen im Vordergrund, sondern die **Ziele der Gemeinschaft:** »wir« statt »ich«. Und was wollen wir im Klassenzimmer? Gemeinsam etwas lernen, Spaß haben und Freunde finden!

## Kaum zu glauben!

Manche Schüler gehen jeden Tag mit Angst zur Schule. Sie fürchten sich vor **strengen Lehrern,** vor Leistungsversagen, ungerechter Behandlung und den **Schikanen** ihrer Klassenkameraden. Aus Angst, von Gleichaltrigen geärgert, verspottet, ausgenutzt oder auch tyrannisiert, gemobbt, geschlagen und erpresst zu werden, würden viele Schüler am liebsten gar nicht mehr in die Schule gehen. Wissenschaftler haben herausgefunden, dass jeder fünfte Schüler in Deutschland an **Schulangst** leidet, die sich oft in Bauchschmerzen, Kopfschmerzen oder allgemeinem Unwohlsein äußert. Auch Fingernägelkauen, Bettnässen oder Schlafstörungen können auf Schulangst zurückzuführen sein. Wenn du selbst unter Angstattacken oder körperlichen Problemen leidest, solltest du dich gemeinsam mit deinen Eltern an den Kinderarzt, eine Beratungsstelle (s. S. 96) oder an einen Psychologen wenden. Gegen Schulangst kann man etwas tun!

✔ Gehe positiv gestimmt zur Schule. Verbanne negative Gefühle wie Frust, Angst oder Zorn aus deinem Hirn. Vergiss nicht, du bist zum Lernen hier. Konzentriere dich darauf.

✔ Wie wär's mit einem Lächeln? Es signalisiert Freundlichkeit, verbreitet gute Laune und steckt an.

✔ Unterhalte dich in der Pause mit deinen Klassenkameraden und zeige ihnen dein Interesse durch Fragen. Wenn du aufmerksam, einfühlsam und hilfsbereit bist, wirst du schnell beliebt sein und Freunde finden.

✔ Erinnere dich an die Benimmregeln, die dir deine Eltern beigebracht haben. Höflichkeit hilft auch im Umgang mit Mitschülern, die du eigentlich nicht besonders gut leiden kannst.

✔ Grenze niemals Klassenkameraden aus. Auch Außenseiter sind Teil der Klasse. Versuche sie in die Gruppe einzubeziehen. Keiner soll sich alleingelassen oder gar ausgegrenzt fühlen!

✔ Sei kein passiver Zuschauer. Lass nicht zu, dass andere ausgelacht, beleidigt, isoliert oder geschlagen werden. Suche Verbündete, die dir helfen, Streithähne miteinander auszusöhnen, den Opfern beizustehen und die Probleme zu lösen.

## Wer hätte das gedacht!

Im Klassenzimmer merkt man es nicht immer gleich, aber Menschen können einfühlsam sein, wenn sie wollen. Sie spüren, wenn ihre Artgenossen in Not sind, und helfen ihnen. Schon Babys zeigen so etwas wie Einfühlungsvermögen: Ein wenige Tage altes Baby, das ein anderes Baby längere Zeit schreien hört, fängt an zu weinen, auch wenn es selbst kein Problem hat. Der Sinn, unseren Mitmenschen ganz uneigennützig zu helfen, scheint uns angeboren zu sein. Um dies zu beweisen, machten Lernpsychologen ein Experiment: Vor den Augen von Kleinkindern hängten sie Wäschestücke an einer Leine auf und ließen dann »versehentlich« eine Klammer fallen. Die Erwachsenen reckten sich nach ihr, blickten sich Hilfe suchend um, baten die Kinder aber nicht direkt um Unterstützung. Trotzdem klaubten schon 18 Monate alte Babys die Klammer auf und reichten sie den Erwachsenen. In 84 % aller Fälle wurden die Kleinen sogar schon aktiv, bevor die Wissenschaftler Augenkontakt mit ihnen hatten. Untätig blieben sie nur, wenn die Forscher die Klammer absichtlich hatten fallen lassen.

»Gewöhne dich daran, bei dem, was ein anderer sagt, mit Aufmerksamkeit zu weilen, und versetze dich womöglich in die Seele des Sprechenden.«

Mark Aurel, römischer Kaiser (121–180)

13

# Die Macht der Gruppe

Man weiß nicht, wie es passiert. Aber irgendwann ist klar, wer in der Klasse das Sagen hat, wer den Mund hält, wer sich anpasst und wer ein Außenseiter ist. Kontaktfreudige Jungen und Mädchen finden oft schon nach wenigen Tagen Freunde, Schüchterne brauchen etwas länger. Gefährlich für das Klassenklima ist es, wenn sich Lästermäuler, Intriganten oder launische Zicken verbrüdern und Spaß daran finden, Klassenkameraden zu schikanieren. Als Opfer oder Sündenbock sucht sich das feige Grüppchen meist Einzelgänger und vermeintlich Schwächere. Unbeteiligte Zuschauer wagen es oft nicht, sich einzumischen, aus Angst, selbst den Hass der Gruppe auf sich zu ziehen oder von der angesagten Clique ausgegrenzt zu werden. Die schlechte Stimmung, die die miesen Störenfriede verbreiten, wirkt sich auf die ganze Klasse aus und Lust zu lernen will kaum noch aufkommen. Wie kann man sich auch auf Mathe konzentrieren, wenn man von machtlüsternen Feinden umzingelt ist? Und warum soll man zuhören, wenn man eigentlich nur den Wunsch hat, von allen akzeptiert zu werden und ein Teil der Gruppe zu sein?

Bei vielen Tierarten, die mit ihren Artgenossen zusammenleben, bildet sich eine Rangordnung aus. Sie soll die Gruppe stabilisieren, Spannungen vermeiden und den Zusammenhalt stärken. Eine Schimpansenhorde wird beherrscht von einem männlichen Anführer, der sich mit Gewalt durchsetzt und oft mit einem zweiten Männchen verbündet, um die eigene Machtstellung zu sichern. Vom Anführer schlecht behandelt und schikaniert zu werden, kann aber selbst eine Affenhorde gar nicht leiden. Kommt es immer wieder zum Streit, mischen sich meist hochrangige und ältere Schimpansen-Weibchen ein und versuchen zu schlichten. Oft greifen sie auch bei Kämpfen ein, z. B. indem sie einem drohenden Männchen die Waffe wegnehmen. Ändert sich das Verhalten des gewalttätigen Anführers nicht und setzt er weiterhin nur seine eigenen Interessen durch, macht er sich zunehmend unbeliebt und zieht den Groll der Gruppe auf sich. Früher oder später kommt es zur Massenrevolte: Der Unterdrücker wird von der Gruppe schwer bestraft und ins Exil geschickt.

Kennst du den?
Ben schläft im Unterricht ein.
Sagt der Lehrer: »Ich glaube nicht, dass das hier der richtige Platz zum Schlafen ist.«
Ben gähnt und antwortet:
»Es geht schon. Sie müssen nur etwas leiser sprechen.«

## Wie du dich in der Klasse behauptest

✔ Steh zu deinen Gefühlen, sei du selbst und verstelle dich nicht. Du musst nicht den Störer oder die coole Zicke mimen, nur um in der Klasse Anerkennung zu finden. Du bist in Ordnung, so wie du bist.

✔ Nimm deine eigenen Schwächen mit Humor und reagiere nicht auf jede kleine Frechheit anderer empfindlich. Lach lieber darüber!

✔ Grenze dich nicht selbst aus, indem du dich absonderst, Gespräche meidest oder gemeinsame Aktivitäten ablehnst. Sei offen für andere, dann findest du auch Freunde.

✔ Verschaffe dir Respekt. Nimm seelische Verletzungen oder gar körperliche Gewalt nicht hin. Verweigere die Opferrolle und wehre dich. Schau den Klassenkameraden, die dich ärgern, in die Augen, und sage offen, was dich stört. Sprich aber in der Ich-Form (z.B. »Ich habe mich geärgert, als du ...«, »Ich war total traurig, weil ...«) und vermeide Du-Sätze (z.B. »Du bist total gemein, weil ...«).

✔ Versuche niemals, in der Gruppe Eindruck auf Kosten anderer zu schinden, indem du über Schwächere witzelst oder lästerst.

✔ Übernimm nicht ohne nachzudenken die Gruppenmeinung, nur um dazuzugehören. Gebrauche deinen Verstand. Lästermäuler haben selten recht!

✔ Pflege deine Freundschaften. Kümmere dich um andere, wenn sie Probleme haben, und lass sie in schwierigen Situationen nicht allein.

✔ Nutze deine Beliebtheit oder den Respekt, den andere vor dir haben, nicht aus. Stärke verpflichtet zu Verantwortung. Setze dich (z. B. als Klassensprecher/in) mit dafür ein, dass Konflikte in der Klasse gewaltfrei gelöst werden. Jeder in der Klasse ist wertvoll, jeder wird gebraucht!

## Gut zu wissen!

Um zu erforschen, wie sehr wir uns von einer Gruppe beeinflussen lassen, führten Psychologen ein Experiment durch. Sie gaben einer Gruppe Studenten eine einfach zu lösende Aufgabe. Einer der Studenten (die Versuchsperson) wurde unter einem Vorwand kurz aus dem Raum geschickt. In seiner Abwesenheit erklärte der Versuchsleiter den anderen, dass alle bei einer späteren Befragung eine falsche Lösung als die richtige angeben sollten. Als der Student zurückkam, war er sehr erstaunt, dass die ganze Gruppe eine andere Meinung als er selbst vertrat. Obwohl er die Aufgabe richtig gelöst hatte, zweifelte er an sich und reagierte bei nachfolgenden Aufgaben zunehmend unsicher. Das Experiment wurde mit mehreren Personen durchgeführt. Viele von ihnen (36,8 %) misstrauten der eigenen Wahrnehmung so stark, dass sie sich dem Urteil der Gruppe unterwarfen und nun ebenfalls die (falsche) Meinung vertraten. Hatte die Versuchsperson einen Partner zur Seite, der sie darin bestärkte, dass ihre Meinung die richtige war, beugte sie sich nicht so leicht dem Gruppendruck.

## Gefährliche Wir-Gefühle

Wenn ein Schüler von allen in der Klasse akzeptiert wird, fühlt er sich wohl. Gruppenzugehörigkeit stärkt den Einzelnen, ob in der Familie oder im Klassenverband. Mitglieder einer Clique zeigen ihre Zusammengehörigkeit meist, indem sie sich ähnlich kleiden oder eine bestimmte Sprache zulegen, um sich von den »anderen« abzugrenzen und ein »Wir-Gefühl« zu entwickeln. Das Wir-Gefühl kann jedoch gefährlich werden, wenn die Gruppe versucht, das Selbstbewusstsein ihrer Mitglieder zu stärken, indem sie die »anderen« ausgegrenzt, als minderwertig darstellt oder zu Sündenböcken erklärt. Ausgrenzung beginnt meist mit kleinen Feindseligkeiten, die sich zu Schikanen hochschaukeln und in körperlicher Gewalt enden können. Greift niemand ein und gelingt es nicht, die Demütigungen zu stoppen, kann sich der Hass auf den Sündenbock so weit steigern, dass dieser nicht mehr als Mitmensch erkannt und systematisch bekämpft wird. Ein Beispiel dafür sind rechtsradikale Jugendliche, die unschuldige Menschen (z. B. Ausländer) terrorisieren, weil sie diese dafür verantwortlich machen, dass sie selbst sozial benachteiligt sind. Gewalttäter aufzuhalten und Opfern beizustehen erfordert Mut, vor allem, wenn eine Gruppe dahintersteht, die Gewalttaten befürwortet. Gewalt darf man nicht dulden! Suche dir Verbündete und mische dich ein, wenn eine Clique Klassenkameraden demütigt oder angreift. Wehrt euch gemeinsam und lasst es nicht zu, dass Gewalt in euer Klassenzimmer einzieht!

Der Ausdruck Sündenbock stammt aus dem Alten Testament: Am Versöhnungstag wurde zunächst ein Ziegenbock geopfert, ein zweiter kam mit dem Leben davon. Auf diesen übertrug man symbolisch alle Sünden des Volkes und schickte ihn in die Wüste, um mit ihm das Böse zu verjagen. Das Sündenbock-Prinzip ist auch Tieren bekannt. Setzt man zwei Ratten auf Metallgitter, das ihnen elektrische Stromstöße versetzt, greifen beide einander an. Sie geben dem »anderen« sozusagen die Schuld für den erlittenen Schmerz. Auch in Affenhorden wird oft ein niederrangiges Mitglied, das nichts angestellt hat, als Sündenbock schikaniert, um Spannungen in der Gruppe abzubauen. So lösen z. B. zwei dominante Männchen, die sich um die Vorherrschaft streiten, ihren Konflikt oft, indem die Streithähne ein niederrangiges Gruppenmitglied angreifen und sich anschließend auf seine Kosten wieder vertragen. Die Feindseligkeiten, die die beiden gegeneinander hegen, lassen sich unterdrücken, solange beide ein gemeinsames Ziel (Schikanieren des Sündenbocks) verfolgen. Doch sobald das gemeinsame Ziel verschwunden ist, kochen die Spannungen wieder hoch.

## Miteinander auskommen

Die Fähigkeit, mit andern gut klarzukommen, nennen Psychologen ==soziale Kompetenz.== Wer diese Eigenschaft besitzt, kann:

✔ seine eigenen Gefühle erkennen und verstehen
✔ emotionale Signale von anderen empfangen (anderen zuhören und sein Herz öffnen)
✔ Einfühlsamkeit entwickeln (sich in die Gefühle des anderen hineinversetzen)
✔ eigene Gefühle sinnvoll (zu einem angemessenen Zeitpunkt, an einem angemessenen Ort und auf angemessene Art und Weise) zum Ausdruck bringen und sinnvoll verarbeiten
✔ die Wirkung der eigenen Gefühle (und Handlungen) auf andere abschätzen
✔ Verantwortung für emotionale Schäden (z. B. seelische Verletzung) übernehmen, Zugeständnisse machen und für mögliche Fehler um Verzeihung bitten

»Was dir an anderen verhasst,
auch anderen an dir nicht passt.«

Jüdisches Sprichwort

>>Bündnis macht die Schwachen stark.<<

Deutsches Sprichwort

*Nicht vergessen!*

Menschen sind im Unterschied zu Affen denkende Wesen mit einem leistungsfähigen Gehirn und einer Sprache. Sie brauchen keine festgelegte Rangordnung, keinen gewalttätigen Anführer und keinen Sündenbock, um friedlich zusammenzuleben. Sie können sich in andere einfühlen, ihnen helfen, mit ihnen zusammenarbeiten und Meinungsverschiedenheiten durch Diskussionen und Kompromisse lösen. Sie müssen den Frieden nur wollen und sich dafür einsetzen! Im Klassenzimmer kannst du das schon mal üben!

*Kennst du den?*
Beim Sportunterricht liegen alle
auf dem Rücken und fahren Rad.
>>Florian! Warum machst du nicht mit?
Du liegst ja ganz ruhig da!<<,
schimpft der Lehrer. —
>>Sehen Sie nicht: Ich fahre gerade bergab!<<

# Mobbing, nein danke!

Es gibt unterschiedliche Wege, sich in einer Gruppe zu behaupten, seine Interessen zu vertreten und damit Macht auszuüben. Wer sich seiner Stärken und Gefühle bewusst ist, gute Argumente hat und sich mit anderen einfühlsam verständigen kann, wird keine Probleme haben, anerkannt zu werden. Er kann tun, was er für richtig hält, er ist mächtig. Soziale Kompetenz (s. S. 20) hilft ihm, seine Ziele zu erreichen. Gewalt ist Missbrauch von Macht, ob es sich um körperliche Angriffe oder um Angriffe mit Worten handelt. Immer werden dabei Schwächere zum Ausbau der eigenen Überlegenheit schikaniert und manipuliert (gesteuert). Leider macht Gewalt vor dem Klassenzimmer nicht halt. Während gewalttätige Schüler ihren Opfern meist körperliche Verletzungen zufügen, terrorisieren Schülerinnen eher mit Worten und Ausgrenzung. Mobbing ist psychische Terrorisierung mit System. Oft fängt es harmlos an mit kleinen Sticheleien und Gemeinheiten. In der Summe führen diese Erniedrigungen längerfristig zu seelischen Verwundungen des Opfers, die oft schwerwiegender sind als die Folgen einer Prügelei. Mobber berauschen sich an der Erniedrigung anderer und fühlen sich dadurch mächtig. Da ihnen Einfühlungsvermögen fehlt, spüren sie nicht, was sie dem Opfer antun. Oft haben sie schwere Probleme, ohne sich das einzugestehen.

Gewalt und Mobbing kann man mit einem Eisberg vergleichen: Worte und Gewalttaten des Täters sind die Spitze, die aus dem Wasser ragt. Unsichtbar sind die Gefühle des Täters, seine Einstellungen, Wünsche und Ziele. Dem Opfer Schutz und Unterstützung zu bieten, ist vorrangig. Aber um dem eigentlichen Problem auf die Spur zu kommen, muss der ganze Eisberg erforscht werden. Diese Aufgabe kann nur der Täter selbst mithilfe von Psychologen übernehmen.

## Gut zu wissen!

Das Wort »Mobbing« kommt aus dem Englischen. Es bedeutet anpöbeln, fertigmachen, Druck und Psychoterror auf jemanden ausüben. Typisch für Mobbing in der Schule sind Hänseleien und Herabsetzungen mit dem Ziel, das Opfer zu demütigen und auszugrenzen. Mobber verweigern ohne Grund den Kontakt, behandeln das Opfer wie Luft, lassen es nicht mitspielen oder ausreden, strafen es mit abwertenden Blicken, belästigen es am Telefon oder verbreiten Lügen. Nicht jede verächtliche Beschimpfung ist Mobbing. Aber Mobbing beginnt oft mit Verachtung und Feindseligkeit. Lass es nicht so weit kommen! Verweigere von Anfang an die Opferrolle und setze dich mit deinen Peinigern auseinander. Wenn sie nicht mit sich reden lassen und die Schikanen systematisch weitergehen, schreibe ein Mobbing-Tagebuch, das dein Leiden dokumentiert. Suche Hilfe bei Eltern, Lehrern, in Beratungsstellen und bei der Polizei. Tipps und Trost für Mobbing-Opfer findest du im Internet unter www.schueler-mobbing.de.

# Wie du Mobbern die Rote Karte zeigst ...

## Wenn du selbst betroffen bist

✔ Mach dir klar, dass es nicht dein Fehler ist, dass du gemobbt wirst. Du bist in Ordnung, die Mobber sind die Täter. Sie machen etwas falsch.

✔ Bitte Umstehende um Hilfe, wenn du dich akut von Gewalt bedroht fühlst. Sprich die Zuschauer direkt an!

✔ Vertraue dich Freunden, Eltern und Lehrern an. Bitte sie um Rat und lass dir helfen. In schweren Fällen (z. B. bei Erpressung und Gewaltanwendung) musst du die Täter bei der Polizei anzeigen. Nicht nur zu deinem eigenen Schutz ist es wichtig, Mobbern und Erpressern Einhalt zu gebieten!

## Wenn ein Klassenkamerad betroffen ist

✔ Zeige dem Opfer dein Mitgefühl und biete ihm Hilfe an.

✔ Gehe nicht allein gegen die Mobber vor, sondern suche dir Verbündete. Überlegt gemeinsam, was im betreffenden Fall zu tun ist, und werdet dann aktiv.

✔ Vertraut euch eurem Lehrer an und erzählt ihm, welchen Verdacht ihr habt oder was ihr beobachtet habt. Gewalttätige Mobber muss man verpetzen! Nur so kann man ihnen Einhalt gebieten.

»Gewalt mit Gewalt bekämpfen heißt neue Gewalt an die Stelle der alten setzen.«

Leo N. Tolstoi, russischer Schriftsteller (1828–1910)

## ... und dein Klassenzimmer zum mobberfreien Raum wird

✔ Dulde Gewalt weder im Klassenzimmer noch anderswo. Lass nicht zu, dass eine üble Herrscherclique das Oberkommando über die Klasse einnimmt und diese einschüchtert.

✔ Suche Verbündete, die wie du selbst Gewalt in jeder Form ablehnen. Gemeinsam könnt ihr die ganze Klasse überzeugen und ein angenehmes Klassenklima aufbauen.

✔ Friss Probleme, die du mit Mitschülern hast, nicht in dich hinein. Trau dich, zu streiten und dich wieder zu vertragen. Streitkultur ist lernbar und hilft dir, Konflikte zu lösen und unbelastet zu lernen.

»Pfui über eure Zunge,
die alles Gute verschweigt
und nur das Übelste sagt,
das euer Herz sich ausdenken kann.«

Hartmann von Aue,
mittelhochdeutscher Dichter (gest. um 1220)

# Konflikte kann man lösen

Meinungsverschiedenheiten und Konflikte gibt es in jedem Klassenzimmer. Sie sind auch nicht dramatisch, wenn man das Problem benennt, es angeht, eine Lösung findet und sich nach einem Streit wieder verträgt. Das Problemelösen und Friedenschließen ist uns aber leider nicht als Instinkt angeboren. Wir müssen diese soziale Fähigkeit erwerben, das heißt lernen, wie man sich Konflikten stellt und sie am besten bereinigt. Psychologen und Friedensforscher haben gute Ansätze für erfolgreiche Konfliktlösungen gefunden und wissen, mit welchen Strategien man Streitigkeiten am besten schlichten und Kompromisse schließen kann. Von ihren Erfahrungen können wir uns also etwas abgucken und die besten Tipps gleich im Klassenzimmer anwenden!

**Was willst du eher hören?**
»Ich bin echt sauer!« oder »Du Depp!«?
»Ich bin wütend über dich!« oder
»Du Arschloch!«?
»Ich verstehe dich überhaupt nicht!«
oder »Bei dir tickt's wohl nicht richtig!«?

## Kaum zu glauben!

Auch Affen versöhnen sich nach Streitigkeiten. Bonobos (Zwergschimpansen), die sich um Futter streiten, gehen erst einmal zu Liebesspielen über, bis das Teilen leichtfällt. Nach Kämpfen umarmen sich die Männchen und küssen sich zur Versöhnung auf den Mund. Auch Schimpansen besiegeln ihre Versöhnung oft mit einem Kuss oder pflegen dem Streitpartner das Fell. Ähnliche Versöhnungs- und Beschwichtigungsgesten kennt man von anderen Affenarten. Wie man sich wieder verträgt, lernen die Tiere meist von den Mitgliedern ihrer Gruppe, gucken sich aber auch von anderen Affenhorden etwas ab. Rhesusaffen z. B. haben bei einer Schwesternart nachweislich Versöhnungsgesten beobachtet und diese erfolgreich nachgeahmt. Was kann man daraus schließen? Selbst die aggressivsten Affen müssen nicht bis in alle Ewigkeit angriffslustig bleiben!

27

✔ Gehe handgreiflichen Auseinandersetzungen aus dem Weg. Setze dich stattdessen dafür ein, dass der Konflikt gewaltfrei gelöst wird.

✔ Verzichte auf Schimpfwörter, denn dies sind negative Signale, die andere abwerten und verletzen. Außerdem vergiften sie die Stimmung und erschweren die Verständigung.

✔ Lass dich nicht provozieren. Weise Beleidigungen zurück, frage nach, wie sie gemeint sind, und sage es, wenn du dich verletzt fühlst. Versuche zu ergründen, wo das eigentliche Problem liegt.

✔ Mach deinen eigenen Standpunkt klar. Versuche dir dabei anzugewöhnen, in der Ich-Form zu reden. Teile mit, was du selbst fühlst, statt dem anderen etwas zu unterstellen.

✔ Du-Sätze können vor allem in einer Streitsituation Killer-Sätze sein, denn sie führen zum Gegenangriff und zur Ausweitung des Streits. Formuliere sie um und bringe damit besser zum Ausdruck, was du willst, nämlich verstanden werden, den anderen verstehen und dich mit ihm einigen oder versöhnen.

✔ Lass den anderen ausreden. Höre ihm zu und öffne dein Herz. Versuche nachzuvollziehen, was er denkt und fühlt. Wenn du bereits wieder Gegenargumente sammelst, während er redet, und gar nicht hörst, was er sagt, redet ihr nur aneinander vorbei. Wiederhole, was der andere gesagt hat, um zu testen, ob du es richtig verstanden hast.

✔ Entschuldige dich, wenn du Fehler gemacht oder den anderen verletzt hast. Floskeln bringen nichts, der andere muss spüren, dass es dir wirklich leidtut. Dann kann er die Entschuldigung auch annehmen.

✔ Versuche einen Streit zunächst ohne Beteiligung Dritter zu bereinigen. Holt euch erst dann einen Streitschlichter hinzu, wenn ihr allein nicht weiterkommt.

✔ Nach einem guten Streit gibt es keine Verlierer, sondern nur Gewinner. Lasst euch mehrere Kompromisslösungen für euer Problem einfallen und überprüft jede einzelne, ob sie ungefährlich und fair ist und sich jeder wohl dabei fühlt.

✔ Besiegelt euren Streit mit einem freundlichen Wort oder einer Versöhnungsgeste. Gebt euch die Hand und lächelt wieder!

>>Zwei Hauptmotive leiten die Menschen: Furcht vor Strafe und Hoffnung auf Belohnung.<<

Friedrich der Große (1712–1786)

Kennst du den?
Fragt der Lehrer:
>>Lea, warum können Fische nicht sprechen?<<
>>Klarer Fall<<, antwortet Lea.
>>Reden Sie doch mal,
wenn Sie den Mund voller Wasser haben.<<

# Lehrer als Partner

Nicht nur Klassenkameraden können in der Schule Ärger machen. Auch Lehrer geben uns oft Anlass für schlechte Laune. Sie tüfteln schwierige Prüfungsaufgaben aus, blamieren arglose Schüler mit Fragen, die sie nicht beantworten können, oder langweilen mit öden Vorträgen. Vorsätzliches Handeln bei der Vergabe von Sechsern ist ihnen allerdings nicht anzulasten. Dass es Paukern Spaß macht, empfindsame Seelen mit schlechten Noten zu kränken, scheint ein unbewiesenes Vorurteil zu sein. Es ist nun mal der Job des Lehrers, andern etwas beizubringen und anschließend zu überprüfen, ob das auch geklappt hat. Aus diesem Grund sollte man sich gut überlegen, ob es wirklich sinnvoll ist, Widerstand zu leisten und den Unterricht zu boykottieren. In der Regel schadest du dir selbst am meisten, wenn du nicht aufpasst oder gar störst. Lernen wird dann zur Nebensache und der Unterricht für alle zur Qual. Willst du wirklich die Menschen, die entscheidend sind für deine künftigen Berufs- und Lebenschancen, ernsthaft vergraulen? Pauker kann man auch als Partner ansehen und mit ihnen zusammenarbeiten – oder?

>>Als Lehrer sei von dir verehrt
ein jeder, der dein Wissen mehrt.<<

Jüdische Weisheit

## Kaum zu glauben!

Schule ist auch für Lehrer stressig, sie kann sie sogar krank machen! Große Klassen und soziale Konflikte, die Schüler aus ihrem familiären Umfeld in die Schule mitbringen, stellen hohe Anforderungen an die Lehrer und erschweren den Unterricht. Vor allem Interesselosigkeit, Störer und aggressives Verhalten machen den Lehrern schwer zu schaffen. Manchmal ist es für sie unmöglich, die Klasse im Griff zu behalten und mit dem Lernstoff voranzukommen. Um die Belastungen auszuhalten, geben viele ihre ursprünglichen Ideale auf, legen sich eine dicke Haut zu, distanzieren sich innerlich von ihren Schülern und sind strenger, als sie eigentlich sein wollen. Viele Lehrer scheiden vorzeitig aus dem Schuldienst aus, weil sie »ausgebrannt« sind, sich dem Schulbetrieb nicht mehr gewachsen fühlen und unter Herzbeschwerden, Schlafstörungen oder Depressionen leiden. Die Hälfte aller Pädagogen ist mit 60 Jahren aus gesundheitlichen Gründen nicht mehr im Beruf.

✔ Achte Lehrer und Mitschüler und verhalte dich ihnen gegenüber respektvoll. Sei höflich, freundlich, fair und zuvorkommend. Wer nicht grüßt, anderen nicht zuhört, sie verspottet, auslacht, ihnen ins Wort fällt und sich nicht entschuldigt, wenn er einen Fehler gemacht hat, missachtet seine Mitmenschen und darf sich nicht wundern, wenn er unbeliebt ist.

✔ Halte die Gesprächsregeln im Unterricht ein. Höre zu, wenn andere etwas sagen, und lass sie ausreden. Beschwere dich bei deinen Klassenkameraden, wenn sie den Unterricht stören. Wenn alle dazwischenreden, versteht man nicht, was der Lehrer sagt, und kann deshalb auch nichts lernen. Lachen, quatschen und mit deinen Klassenkameraden Spaß haben kannst du in der Pause.

✔ Beteilige dich am Unterricht, denn dann langweilst du dich nicht und bringst die Lehrer auf Trab. Selbst Fächer, die dich nicht gerade brennend interessieren, können so spannend werden. Melde dich, stelle Fragen, wenn du etwas nicht verstanden hast, und gib Antworten, wenn du etwas weißt.

✔ Sei hilfsbereit gegenüber Lehrern und Mitschülern. Hilf mit, die Tafel zu wischen oder den Projektor aufzubauen. Erkläre deinen Mitschülern in der Pause eine Matheaufgabe, die sie nicht verstanden haben, und leihe ihnen dein Heft zum Abschreiben aus, z. B. wenn sie gefehlt haben.

✔ Frage deinen Lehrer um Rat, wenn du merkst, dass du Lücken hast und nicht mehr so gut im Unterricht mitkommst. Er sieht dann, dass du den Willen hast zu lernen, und wird dir helfen.

> ### Kennst du den?
> »Kannst du mich denn nicht grüßen, wenn du ins Zimmer kommst?!«, ärgert sich die Lehrerin. — »Würde ich ja gern«, sagt Kevin, »aber ich weiß nicht, von wem.«

### Was sagt man dazu? — Schülersprüche

Unser Lehrer ist Tierfreund.
Jeden Tag macht er uns zur Sau.

Mein Mathelehrer hat keine Ahnung!
Dauernd fragt er mich.

Ich war immer der Liebling meiner Lehrerin. Um mich zu behalten, ließ sie mich jede Klasse wiederholen.

✔ Nimm dir vor, auch mit den Lehrern klarzukommen, die du nicht besonders magst.

✔ Teile es dem Lehrer mit, wenn du das Gefühl hast, dass er dich benachteiligt oder nichts von dir hält. Suche ihn in der Pause oder nach dem Unterricht auf und bitte ihn um ein Gespräch. Lege dir schon vorher zurecht, was du sagen willst und wo dein Problem liegt.

✔ Sprich in der Ich-Form und vermeide Anklagen und Unterstellungen (»Ich habe das Gefühl, dass ...«, »Mir geht's schlecht, wenn Sie ...« statt »Sie sind immer so fies!«).

✔ Lege Klassenarbeiten vor, wenn du das Gefühl hast, dass du ungerecht benotet worden bist. Im Zweifelsfall kann die Arbeit von einem zweiten Lehrer nachkorrigiert werden.

✔ Gib dem Lehrer eine Rückmeldung, wenn alle in der Klasse finden, dass er zu viele Hausaufgaben aufgibt, unzureichend erklärt, den Stoff zu schnell abhandelt und euch überfordert.

✔ Sprich dich mit dem Klassensprecher aus oder suche Rat bei Eltern und Vertrauenslehrern, wenn ein Lehrer seine Schüler ständig beleidigt oder ungerecht ist. Schikanen musst du nicht erdulden. Auch Lehrer haben sich an Regeln und Umgangsformen zu halten!

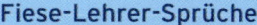

## Was sagt man dazu?

**Fiese-Lehrer-Sprüche**

✎ Du hast aber einen enormen Überschuss an Leistungsdefizit.

✎ Selig sind die Bekloppten, denn sie brauchen keinen Hammer.

✎ Ihr seid doch gar nicht so blöd, wie ihr ausseht.

✎ Haltet eure Schnauze auf den billigen Plätzen!

✎ Was glaubt ihr, weshalb ihr Unterbelichteten auf der Fensterseite sitzt?

**Freche-Schüler-Sprüche**

✎ Was ist der Unterschied zwischen einem alten Lehrer und einer alten Kaffeemaschine? – Die Kaffeemaschine lässt sich noch entkalken!

✎ Lehrer sind unbestechlich – die meisten nehmen nicht mal Vernunft an.

✎ Der Lehrer durch die Klasse rennt, weil in Französisch alles pennt.

✎ Wechselt der Lehrer zu Ostern die Socken, wird das Frühjahr eher trocken.

✎ Lehrer, seid nett zu uns! Wir bezahlen später eure Rente!

»Ein Knabe lernt nur von geliebten Lehrern gerne. Du aber sei ein Mann, auch von verhassten lerne!«

Friedrich Rückert, deutscher Dichter (1788–1866)

35

# Wege zum Schulerfolg

Manchmal sind es nicht die Lehrer oder Klassenkameraden, die einem den Gang zur Schule vergällen, sondern der Leistungsdruck, dem man sich nicht gewachsen fühlt. Schlechte Noten entmutigen, setzen das Selbstwertgefühl herab und nähren Zweifel an den eigenen Fähigkeiten. Viele Schüler halten sich nach schwachen Schulleistungen für Versager und geraten aus Angst und Scham in einen Teufelskreis des Misserfolgs. Aufgrund ihrer negativen Erfahrungen können sie sich gar nicht mehr vorstellen, irgendwann einmal wieder gute Leistungen zu erbringen, sondern haben ständig die drohende Katastrophe (z. B. nicht versetzt zu werden) im Kopf. Häufig setzen sie sich unrealistische Ziele (z. B. eine Eins in Mathe) und leiden darunter, wenn sie diese nicht sofort erreichen. Um die Gefühle der Angst, Unlust und Verzweiflung zu verdrängen, machen sie oft andere (z. B. Lehrer) für ihren Misserfolg verantwortlich und können keine geeignete Strategie zur Lösung ihres Problems entwickeln. Sie trödeln, schweifen ab und richten ihre Aufmerksamkeit nicht mehr auf das, was wichtig ist. Hilfsangebote von Freunden lehnen sie ab, weil sie ihren Wissensstand aus Scham lieber gar nicht erst testen wollen. Stattdessen versuchen sie zu tricksen (z. B. abzuschreiben), zu rebellieren (z. B. im Unterricht zu stören) oder den Anforderungen aus dem

Weg zu gehen (z. B. Schule schwänzen, Verweigerung von Hausaufgaben). Bei Prüfungen sind sie oft schlecht vorbereitet, sehr aufgeregt und, weil sie den eigenen Misserfolg bereits verinnerlicht haben, so blockiert, dass sie tatsächlich wieder nur eine schlechte Note erreichen. Der Teufelskreis beginnt von vorn, vor allem wenn von Seiten der Eltern Unterstützung fehlt.

## Traurig, aber wahr

Schulerfolg hängt oft weniger von der Begabung als vielmehr vom Bildungsgrad und Geldbeutel der Eltern ab. 67,1 % der Kinder von Eltern mit Abitur schaffen selbst einen höheren Schulabschluss. Haben ihre Sprösslinge Probleme in der Schule, können die Eltern helfen oder Nachhilfelehrer engagieren. Eltern mit unzureichender Bildung und wenig Geld können diese Hilfe nicht bieten. Deshalb erreichen auch nur 7 % der Kinder von Eltern, die selbst keinen Schulabschluss haben, das Abitur. Wer von den Eltern keine Unterstützung erwarten kann, muss sich also doppelt anstrengen, wenn er einen guten Schulabschluss erreichen will, und nicht alle schaffen das.

»Gegenwind macht den Menschen weise.«

Sprichwort aus Frankreich

## Wie du dein eigener Trainer und supererfolgreich wirst

✔ Übernimm Verantwortung für dich selbst und sei bereit, dich mit den Ursachen deiner Schulprobleme auseinanderzusetzen. Nimm (gut gemeinte) Kritik an und lerne aus deinen Fehlern.

✔ Verändere deine innere Einstellung zu dir selbst. Verbiete dir, schlecht über dich selbst zu denken oder zu reden, und verbanne das Katastrophendenken (z. B. »Bestimmt schreibe ich wieder eine Sechs!«, »Mathe kann ich einfach nicht!«) aus deinem Kopf.

✔ Verfalle nicht dem Irrglauben, all deine Klassen-kameraden seien begabter als du. Gute Noten fallen keinem einfach in den Schoß, jeder muss sie sich erarbeiten.

✔ Gehe deine Schulprobleme heute noch an, denn Lernunlust und Prüfungsangst verstärken sich, wenn du das Lernen vor dir herschiebst. Mach dir einen Plan, der festlegt, in welchen Schritten du deine Ziele erreichen wirst (s. S. 46).

✔ Bau deine Prüfungsangst ab, indem du dich sorgfältig auf die nächste Prüfung vorbereitest. (Dass du Angst hast, eine schlechte Note zu kassieren, ist normal, wenn du dich gar nicht vorbereitet hast.)

✔ Setze dir realistische Ziele. Wenn du z. B. in Mathe in der letzten Zeit nur Fünfer oder Sechser geschrieben hast, nimmst du dir vor, das nächste Mal zumindest eine Vier zu schreiben. Setze dir ganz allmählich höhere Ziele.

✔ Hole dir Unterstützung, wenn du große Lücken auf-holen musst. Wenn dir deine Eltern nicht helfen und

auch keinen Nachhilfelehrer engagieren können, bitte Klassenkameraden oder Lehrer um Rat und lass dir erklären, was du nicht verstanden hast. Übe zu Hause, um den Rückstand aufzuholen.

✔ Baue gezielt deine Lernunlust ab. Suche dir einen Platz aus, den du ab jetzt zum Lernen nutzt. Wenn dir schon der Gedanke an deinen Schreibtisch Unbehagen bereitet, gestalte ihn um. Ab jetzt ist hier der Ort, an dem du deine Erfolge vorbereiten wirst (s. S. 50)!

✔ Lerne, dich besser zu konzentrieren (s. S. 58) und effektiver zu lernen.

✔ Mach Pausen, entspanne dich mit autogenem Training oder Yoga (s. S. 55) und belohne dich angemessen (s. S. 47).

**Kennst du den?**
Der Lehrer schreit:
»Anna, jetzt kaust du
schon wieder Kaugummi.
Ab in den Papierkorb!«
Anna fragt: »Der Kaugummi auch?«

# Dein Freund, das Gehirn

Willst du etwas lernen, bist du auf dein Gehirn angewiesen. Leider scheint dieses Organ mitunter bockig zu sein. Es merkt sich nämlich nicht immer das, was du ihm einrichterst. Oft hat es keine Schwierigkeiten, sich Daten wie die Namen von Popsängern oder Fußballstars und die Zahl ihrer Muskelverletzungen zu merken, scheitert aber an Vokabeln oder Jahreszahlen. Damit solche Pannen nicht mehr passieren und dein Gehirn zu einem verlässlichen Freund wird, musst du wissen, wie es funktioniert. Wenn du es gut behandelst, wird es seine Leistungsfähigkeit erweitern und dich in den Zustand des »Flows« (s. S. 92) versetzen, der tatsächlich glücklich macht.

## Gut zu wissen!

Das Gehirn ist keine starre Masse, sondern formbar und in ständigem Umbau begriffen. Es besteht aus Gliazellen und Nervenzellen, die über Verbindungsstellen (Synapsen) miteinander verbunden sind und elektrische Impulse leiten. Mit allem, was wir lernen, verändern wir das Netz aus Nervenzellen. Neue Verbindungen zwischen den Nervenzellen werden geknüpft – alte verstärkt, und das bis ins hohe Alter! Indem das Gehirn neue Fertigkeiten lernt, steigt seine Leistungsfähigkeit von ganz allein!

Die Großhirnrinde lässt sich in Bereiche mit unter-
schiedlichen Aufgaben gliedern. Das Präfrontalhirn
ist sozusagen der Wissensmanager, der alle Reize und
Informationen (z.B. Bilder, Gerüche, Zahlen) zusammenfasst, die auf uns einströmen. Der Hippocampus,
ein nur fingerkuppengroßer Bereich im sogenannten
Schläfenlappen, bestimmt, welche Sinneseindrücke in
die Hirnrinde gelangen und gespeichert werden.

Reize und Informationen werden
✎ im Ultrakurzzeitgedächtnis in weniger als einer
Sekunde aufgenommen und gleich wieder vergessen.
✎ im Kurzzeitgedächtnis einige Sekunden bis wenige Minuten gespeichert. Durch Üben und Wiederholen
können die Informationen von dort ins Langzeitgedächtnis gelangen.
✎ im Langzeitgedächtnis minuten- bis jahrelang
gespeichert. Manche werden lebenslang nicht mehr
vergessen.
Wer ein gutes Gedächtnis hat, kann viele Informationen speichern und wieder abrufen. Informationen, die
für uns wichtig oder mit intensiven Gefühlen verbunden
sind, übernehmen wir eher ins Langzeitgedächtnis als
solche, die wir im Grunde als uninteressant einstufen.
Wenn es dir also gelingt, den Lernstoff mit positiven
Gefühlen zu verknüpfen, setzt er sich eher in deinem
Gehirn fest.

## Wie du deinem Hirn Höchstleistungen abringst

✔ Schalte Störquellen (z. B. Fernseher, laute Musik) ab und entlaste dein Gehirn, bevor du anfängst zu lernen. Verlangst du von ihm, ungelöste Probleme zu wälzen und sich gleichzeitig Vokabeln zu merken, ist es überfordert.

✔ Versetze dich durch Entspannungstechniken in eine positive Stimmung und verbanne negative Gedanken (s. S. 56), damit du dich aufs Lernen konzentrieren kannst. Sage innerlich »Stopp, weg damit!«, wenn Gedanken wie »Ich bin eben dumm und unbegabt!« auftauchen. Atme tief durch und mach dir bewusst, dass du ein leistungsfähiges Gehirn hast. Du wirst lernen, es besser zu nutzen.

✔ Motiviere dich selbst, indem du dir erreichbare Ziele setzt und dir eine baldige Belohnung in Aussicht stellst.

✔ Beschäftige dich mit Lerntechniken (s. S. 72) und nimm dir Zeit zum Lernen. Der Stoff muss oft wiederholt und geübt werden, damit sich das Gelernte im Langzeitgedächtnis festsetzt.

✔ Stelle, wenn du etwas Neues lernst, Verbindungen zu bereits gespeicherten, bekannten Inhalten her.

✔ Lerne mit mehreren Sinnen (z. B. Hören, Sehen, vgl. S. 73). Je mehr unterschiedliche Reize in einer Information stecken, desto mehr Nervenzellen werden aktiviert und umso höher ist die Zahl der Synapsen (Nervenverbindungen), die ein Netzwerk bilden und so eine Gedächtnisspur im Gehirn hinterlassen.

✔ Lerne in mehreren kleinen Portionen. Viele Kurzübungen bringen mehr als lange Wiederholungsphasen.

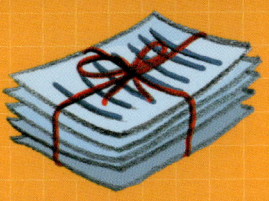

✔ Biete deinem Gehirn Abwechslung (s. S. 58). Wenn es nacheinander Vokabeln in Latein, Englisch und Französisch lernen soll, kann es sich gar nichts mehr merken und streikt.

✔ Lege kurze, aber regelmäßige Lernpausen ein, in denen dein Gehirn zur Ruhe kommt und das Gelernte sozusagen »verdauen« kann.

»Die Übung ist in allem beste Lehrerin den Sterblichen.«

Euripides, griechischer Dichter (480–406 v. Chr.)

## Was sagt man dazu? – Schülersprüche

Das Gehirn ist eine fabelhafte Einrichtung! – Es beginnt zu arbeiten, sobald man aufsteht, und es hört erst auf, wenn man in der Schule ankommt.

Das Gedächtnis ist wie eine Schublade, die ständig klemmt.

Ich weiß nichts, und das ist auch nicht sicher.

# Ziele setzen

Ein Auto braucht einen funktionstüchtigen Motor, um sich vorwärtszubewegen. Auch wir haben nur dann die Kraft, eine Anstrengung auf uns zu nehmen, wenn wir ein Ziel vor Augen haben, das uns antreibt wie ein Motor. Wenn wir keinen Sinn darin sehen, eine bestimmte Handlung durchzuführen (z. B. Vokabeln zu lernen), oder nur widerwillig unsere Mathe-Hausaufgaben machen, wird unser Gehirn nicht besonders leistungsfähig sein. Erst wenn wir selbst davon überzeugt sind, dass und warum es wichtig und richtig ist, was wir tun, fällt das Lernen leichter. Die Motivation, die uns zum Lernen antreibt, kann das Interesse an dem Stoff sein, das Lob, das wir uns von Lehrern und Eltern wünschen, oder die Anerkennung, die wir bei Klassenkameraden finden, wenn wir z. B. im Sport Höchstleistungen vollbringen. Auch der Druck von Lehrern und die Angst, möglicherweise durchzufallen und die Klasse wiederholen zu müssen, können uns dazu bewegen, besser in der Schule mitzuarbeiten. Zum Lernen motivieren können uns aber auch Fernziele (z. B. »Ich will Astrophysiker/Tierarzt/Modedesigner werden.«), die wir uns selbst setzen und die schrittweise erreichbar sind.

ZIEL

»Von Zielchen zu Zielchen
mit keuchender Brust.
Nur das hilft dem Menschen
über seine ungeheuerliche Situation hinweg.«

Franz Werfel,
österreichischer Schriftsteller (1890–1945)

## Kaum zu glauben!

Vor einigen Jahren berichteten Zeitungen von einem
neunjährigen Mädchen, das mit einem sehr alten Boot
allein auf einen See gerudert war und weit abgetrieben
wurde. Mitten auf dem See, weitab vom Ufer, sank das
Boot. Dem Mädchen gelang es jedoch, kilometerweit
zurück ans Ufer zu schwimmen. Als es später von
Psychologen befragt wurde, wie es diese unglaubliche
Leistung vollbringen konnte, sagte es, es sei einfach
losgeschwommen. Die Richtung sei klar gewesen, und
wenn es müde geworden sei, habe es immer nur an
den nächsten Schwimmzug gedacht. Und dann wieder
an den nächsten Zug, und auf einmal sei es am Ufer
gewesen. Die Psychologen waren sich sicher, dass das
Mädchen ertrunken wäre, wenn es sich die Strecke, die
es vor sich hatte, ständig vor Augen gehalten hätte. Da
es sich immer nur auf den nächsten Zug konzentriert
hatte, gelang es ihm weiterzuschwimmen, ohne den Mut
zu verlieren.

# Wie du dein Gehirn zum Lernen motivierst

✔ Suche dir einen persönlichen Motivationssatz aus. Schreibe ihn auf einen Zettel und hänge diesen gut sichtbar in dein Zimmer.

✔ Setze dir klare Fern- und Nahziele (Beispiel Fernziel: »Keine einzige Fünf (Vier, Drei) mehr im nächsten Zeugnis!«, Nahziel: »Lücken in Latein und Mathe aufholen, in der nächsten Arbeit mindestens eine Vier schreiben!«). Stelle dir in inneren Bildern vor, wie gut du dich dabei fühlst, wenn du deine Ziele erreicht hast.

✔ Gliedere die Nahziele in mehrere Etappen, die du Schritt für Schritt angehst. Mach dir einen Plan, wie du deine nächste Zieletappe (z. B. eine Prüfung) erreichst. Berücksichtige dabei die Zeit, die dir zur Verfügung steht.

✔ Beginne immer mit den Aufgaben, die besonders leicht gelingen und am schnellsten Erfolg versprechen. Der Erfolg motiviert dich für die nächste Aufgabe.

✔ Versuche auch den Fächern, die dich weniger begeistern, etwas Interessantes abzugewinnen. (Englischvokabeln zu lernen ist z. B. nicht nur für die Schule nützlich, sondern hilft auch dabei, englische Songs zu verstehen.)

>»Also lautet ein Beschluss,
dass der Mensch was lernen muss.«

Wilhelm Busch,
deutscher Zeichner und Dichter (1832–1908)

✔ Informiere dich im Internet über die Berufe, die dich interessieren. Finde heraus, welchen Schulabschluss du brauchst und in welchen Fächern besonders gute Leistungen verlangt werden, um deinen Traumberuf später ausüben zu können. Du kannst es schaffen, dein Ziel zu erreichen, wenn du jetzt die Weichen dafür stellst.

✔ Belohne dich jeden Tag, wenn du es geschafft hast, deinen Lernplan einzuhalten und alle Aufgaben wie vorgesehen zu erledigen. Verwöhne dich z. B. mit einem leckeren Fruchtsaft, einem Spaziergang, deiner Lieblingssendung, einem Telefonat mit der besten Freundin oder einem Ausflug in einen Chatroom.

## Lern-Tipp: Motivationssätze

Nicht warten, sondern starten!

Wissensdurst statt Fernsehhunger!

Lernen und entspannt relaxen,
statt faul sein mit lauter Fünfen und Sechsen.

Auf die Dauer hilft nur Power!

Erst die Schule, dann alles Coole.

Lerne zu lernen, ohne zu leiden.

# Schöner klug werden

Wie man schlau werden kann, ahnst du schon. Aber weißt du auch, dass der Ort, an dem man seine Aufgaben macht, das Lernen ebenso beeinflusst? In einer chaotischen Umgebung fühlen sich nur die wenigsten Menschen wohl. Am Boden verstreute Gegenstände, benutztes Geschirr, Bonbonpapierchen und verstaubte Schmuddelecken laden nicht zum Lernen ein. Vielleicht stört dich die Unordnung in deinem Zimmer ja gar nicht. Doch wenn du in der Schule besser werden willst, empfiehlt es sich, darauf zu achten, dass zumindest dein Arbeitsplatz aufgeräumt ist. In einer ruhigen, angenehmen Umgebung kann man sich nämlich, das behaupten zumindest die Lernforscher, erheblich besser konzentrieren als in einem lauten und unordentlichen Umfeld. Nur wenn du nicht abgelenkt bist, stellt sich dein Gehirn aufs Lernen ein und nimmt die Informationen auf, die du später während der Prüfung wieder abrufen willst. Schaffe dir deshalb selbst eine schöne Umgebung, in der Lernen Spaß macht. Wenn es in Schreibtischnähe dann auch noch nach Zitrusfrüchten duftet, kann jeder, der dein Zimmer betritt, den Lernerfolg geradezu riechen ...

In einer wohlriechenden Umgebung lernt es sich leichter. Das haben **Duftforscher** an der Universität München herausgefunden. In einem Pilotprojekt an fünf Schulen wird derzeit untersucht, ob sich Schüler in parfümierten Zimmern tatsächlich besser konzentrieren können. Die Düfte, eine Mischung aus Lavendel, Zitrone, Orange, Grapefruit und Zedernholz, wurden mit den Schülern ausgewählt. Die Gerüche werden im limbischen System des Gehirns aufgenommen, in dem auch Gefühle und Erinnerungen verarbeitet werden. Nach Angaben der Forscher lassen sich gespeicherte Informationen (z. B. Fachbegriffe), die mit einem bestimmten Duft verknüpft sind, leichter abrufen, sobald der Geruch wieder in der Luft liegt. Nach vorläufigen Beobachtungen von Lehrern scheint das Projekt erfolgreich zu sein: Die Kinder seien wesentlich weniger aggressiv und viel aufmerksamer. Die Wirkung der einzelnen Düfte ist unterschiedlich. **Grapefruitöl** macht aktiv und aufgeschlossen. **Zitrone** erhöht die Konzentration und senkt angeblich Rechtschreibfehler um die Hälfte. **Neroli (Orangenblüten)** scheint stark antidepressiv und anregend zu wirken. Die ätherischen Öle gibt es in Apotheken zu kaufen. Sie können auch in deinem Zimmer Wohlgeruch verströmen, wenn du ab und zu ein paar Tropfen auf eine Duftschale träufelst. Vorsichtig damit sein sollten nur Allergiker.

✔ Erledige deine Hausaufgaben möglichst immer am selben Ort und gestalte ihn so, dass es dir dort gefällt. Dein Schreibtisch sollte mindestens 100 x 60 cm groß und 80 cm hoch, der Arbeitsstuhl in der Höhe dazu passend und bequem sein.

✔ Sorge für gute Lichtverhältnisse. Beim Rechtshänder sollte das Licht der Schreibtischlampe von links, beim Linkshänder von rechts auf die Schreibfläche fallen.

✔ Achte darauf, dass die Raumtemperatur angenehm ist, und lüfte das Zimmer regelmäßig.

✔ Inspiziere deinen Schreibtisch und schau nach, wo sich Schmuddelecken oder Dinge befinden, die vom Lernen ablenken. Entferne überflüssige Gegenstände und räume die Arbeitsfläche erst einmal ganz frei.

✔ Ordne Schubladen, Fächer und Regale. Bewahre Schulbücher, Hefte und Schreibzeug übersichtlich in Reichweite auf, damit du nicht ständig Zeit mit Suchen vertrödelst.

✔ Beseitige alle äußeren Störfelder, die dich vom Lernen ablenken. Schließe deine Zimmertür hinter dir. Schalte während der Hausaufgaben das Radio oder den Fernseher ab; höchstens sanfte, beruhigende Klänge (z. B. Entspannungsmusik, klassische Musik) sind erlaubt.

✔ Lagere während der Hausaufgaben auf deiner Arbeitsfläche nur die Bücher, Hefte und Gegenstände (z. B. Füller, Bleistift, Lineal), die du gerade brauchst.

>>In einem aufgeräumten Zimmer ist auch die Seele aufgeräumt.<<

Ernst von Feuchtersleben,
österreichischer Arzt und Dichter (1806–1849)

## Kaum zu glauben!

Sauerstoff ist ein Gas aus der Luft, das wir mit jedem Atemzug einatmen und zum Leben brauchen. Am meisten Sauerstoff von allen Organen verbraucht unser Gehirn, das jeden Tag 4000 Liter benötigt! Halte dich deshalb viel an der frischen Luft auf und lüfte dein Zimmer regelmäßig! Tiefes Aus- und Einatmen entspannt und versorgt ebenso wie Gähnen den Körper besonders gut mit Sauerstoff. Gähn dich doch nach der Schule einfach wieder munter!

>>Bewahre deine Papiere, deine Schlüssel und alles so, dass du jedes einzelne Stück auch im Dunkeln finden kannst.<<

Adolph Freiherr von Knigge,
deutscher Schriftsteller (1752–1796)

# Kopf frei zum Lernen!

Vielleicht hast du den festen Vorsatz, besser in der Schule zu werden. Du bist motiviert und hast dir ein Ziel gesetzt, das du in kleinen, erreichbaren Zieletappen ansteuern willst. Du sitzt also am Schreibtisch, willst fleißig sein, versuchst deine Aufgaben zu erledigen und musst plötzlich feststellen, dass es dir nicht gelingt, bei der Sache zu bleiben. Ständig bist du abgelenkt, verlierst die Lust am Arbeiten und kannst dich einfach nicht konzentrieren. In diesem Fall musst du versuchen herauszufinden, wo die Störfelder liegen, die deine Konzentration beeinträchtigen und dich vom Lernen abhalten.

## Gut zu wissen!

Konzentration nennt man die Fähigkeit, einer Beschäftigung (z.B. Lesen, Schreiben, Rechnen) seine ganze Aufmerksamkeit zu widmen. Reize, die von außen auf uns einströmen, nehmen wir, wenn wir voll auf eine bestimmte Sache konzentriert sind, gar nicht mehr wahr. Der Zustand der höchsten Konzentration dauert nicht besonders lange und umfasst bei Jugendlichen und jungen Erwachsenen höchstens 30–45 Minuten. Danach braucht das Gehirn eine kurze Pause, bevor es sich wieder voll konzentrieren kann.

✏ Kummer und seelische Probleme
(z. B. Krach mit der Mutter oder der besten Freundin)

✏ starke Gefühle
(z. B. Verliebtsein, Vorfreude auf eine Party)

✏ Störungen durch Geräusche
(laute Musik, Fernseher, kreischende Geschwister)

✏ Störungen durch Unordnung
(chaotische Umgebung)

✏ Prüfungsangst und Überforderung
(»Ich schaffe das einfach nicht!«)

✏ Langeweile, Interesselosigkeit und Unterforderung
(»Wozu brauche ich denn den Mist?«)

✏ zu wenig Abwechslung beim Lernen
(gleichförmige Lernwege)

### Kennst du den?

Die Lehrerin fragt:
»Wer kennt drei berühmte Männer,
deren Name mit B beginnt?«
»Ich!«, meldet sich Daniel.
»Beckenbauer, Basler, Ballack!«
»Von Bach, Beethoven oder Brahms
hast du wohl noch nie etwas gehört?«,
fragt die Lehrerin.
»Pah!«, sagt Daniel. »Ersatzspieler
interessieren mich doch nicht!«

## Hilfe durch Entspannung

Bist du müde, nervös und gereizt, ist dein Gehirn nur begrenzt aufnahme-fähig. Zusätzliche Informationen (z. B. Vokabeln) sind das Letzte, was es jetzt noch erhalten und speichern will. Auch wenn dich Sorgen, ungelöste Konflikte und belastende Gedanken plagen, ist dein Denkorgan erst einmal beschäftigt und sieht es nicht ein, sich ausgerechnet jetzt auf »unwichtige« Dinge wie Mathe-Hausaufgaben zu konzentrieren. Natürlich kann man sein Gehirn zum Lernen zwingen, doch es wird dann nur einen Teil seiner Leistung bringen und immer wieder streiken. Es wird die Gedanken abschweifen las-sen, die Worte nicht aufnehmen, die im Buch stehen, Vokabeln vergessen und die Lösung der Rechenaufgabe verweigern. Dann sitzt du am Schreibtisch, starrst auf deine Bücher und Hefte, die Zeit vergeht und erledigt hast du gar nichts. Bevor du mit dem Lernen beginnst, ist es deshalb wichtig, deinen Kopf freizukriegen und dich zu entspannen. Oft genügt es schon, sich nach dem Mittagessen eine Stunde auszuruhen, ein Schläfchen zu halten oder vor sich hin zu dösen, und schon ist man anschließend wieder fit und lernbereit. Entspannungstechniken wie autogenes Training, progressive Muskelentspannung nach Jacobson, Meditation oder Yoga, die auch Kinder in Kursen lernen können, sind noch wirksamer.

## Gut zu wissen!

Die Leistungsfähigkeit des Gehirns ist nicht zu jeder Tageszeit gleich hoch. Bei den meisten Menschen arbeitet es am besten morgens zwischen 9 und 11 Uhr und am Nachmittag zwischen 15 und 17 Uhr. Vor 7 Uhr morgens und nach 21 Uhr abends ist die Leistungsfähigkeit eingeschränkt. Auch um 14 Uhr haben die meisten ein Leistungstief – Zeit für ein Mittagsschläfchen!

## Kaum zu glauben!

Yoga-Übungen machen wach und bringen frische Kraft. Besonders wirksam ist eine vereinfachte Form des »Sonnengrußes«, die auch Anfängern gelingt: Stell dich aufrecht hin, die Füße hüftbreit voneinander entfernt. Lege die Handflächen vor der Brust in Gebetshaltung zusammen. Atme tief ein und aus. Beim nächsten Einatmen bewege die Arme seitwärts nach außen und hebe sie langsam kreisförmig in Richtung Kopf. Bringe die Handflächen über dem Kopf zusammen und lenke deinen Blick zu den Händen. Beuge beim Ausatmen leicht die Knie, senke Kopf und Arme langsam und beuge den Oberkörper aus den Hüften nach vorn. Lass den Kopf sinken und lege die Fingerspitzen auf den Boden. Beim Einatmen kehrst du in die Ausgangshaltung zurück. Nach einer Zwischenatmung wiederholst du die Übung (mindestens zweimal). In einem Yoga-Kurs kannst du dir den Sonnengruß vorführen lassen und ihn einstudieren, bis er dir ganz einfach gelingt.

✔ Ruhe dich nach der Schule erst einmal aus. Müde und gestresst kann man nicht lernen. Entspanne dich vielleicht durch ein kurzes Schläfchen.

✔ Lass den Fernseher ausgeschaltet und verzichte darauf, in der Mittagspause (laute) Musik zu hören oder Comics zu lesen. Die zusätzlichen Reize belasten nur dein Gehirn, anstatt es zu entlasten.

✔ Beseitige alle äußeren und inneren Störfelder, die dich vom Lernen abhalten. Machst du dir Sorgen, schreibe diese auf einen Zettel, falte ihn zusammen und verwahre ihn in einer »Sorgenkiste« (Pappschachtel). Schreibe auch die Probleme auf, die dich plagen, und notiere (z. B. auf einem Notizblock), wann du sie angehen wirst (z. B. nach der nächsten Prüfung, am Wochenende). Nun bist du die belastenden Gedanken erst einmal los und musst nicht mehr ständig an sie denken, denn sie stehen ja auf dem Zettel. Später, wenn du mehr Zeit hast, kannst du die Zettel hervorkramen und ein Problem nach dem anderen lösen.

✔ Wenn sich negative Gedanken breitmachen, sage innerlich »Stopp!« und richte deine Aufmerksamkeit auf deine Atmung. Atme mehrmals tief ein und aus und konzentriere dich dann wieder auf deine Aufgabe.

✔ Bist du sehr überreizt, entspanne dich durch Traumreisen.

>>Das Motiv einer guten Handlung ist
manchmal nichts anderes
als zur rechten Zeit eingetretene Reue.<<

Marie von Ebner-Eschenbach,
österreichische Schriftstellerin (1830–1916)

## Kaum zu glauben!

Traumreisen nennt man Bilder und Geschichten, die
vor deinem inneren Auge (also im »Kino« in deinem
Kopf) ablaufen und die du selbst erfindest. Wenn du
z. B. auf dem Bett liegst, die Augen schließt, dir vorstellst, in einer Blumenwiese, am Strand oder in einem
Fantasieland zu sein, und dabei ruhig und gleichmäßig
atmest, kannst du wunderbar entspannen und daraus
Kraft gewinnen. Noch angenehmer wird die Traumreise,
wenn du den Klängen einer Entspannungs-CD lauschst.
Sei dein eigener Regisseur und male dir aus, wie du
deine Prüfungsangst überwindest, Erfolge in der Schule
feierst und die Anerkennung deiner Freunde gewinnst.
Nur positive Gedanken sind erlaubt! Das gute Gefühl,
in das du dich selbst versetzt, unterstützt dich bei der
wirklichen Lösung deiner Probleme und macht den Kopf
frei fürs Lernen.

## ... und deine Konzentrations- fähigkeit verbesserst

✔ Richte deine Kraft und Aufmerksamkeit eine bestimmte Zeit lang nur auf den Lernstoff, verbanne alle anderen Gedanken. Das klappt, wenn du den Willen dazu hast und davon überzeugt bist, dass das Etappenziel, das du dir gesetzt hast, erreichbar und im Moment das Wichtigste ist.

✔ Verordne dir Selbstdisziplin, wenn die Gedanken abschweifen. Widme dich für eine begrenzte Zeit ausschließlich der anstehenden Aufgabe.

✔ Arbeite nicht länger als 1 Stunde am Stück. Mach regelmäßig Pausen. Gönne dir nach einer 1/2 Stunde konzentrierten Lernens 5 Minuten, nach 1 bis 1,5 Stunden 20 Minuten und nach 3 Stunden dann 1 Stunde Pause. Lass Fernseher und Computer dabei ausgeschaltet!

✔ Beschäftige dich nicht nur mit einem Stoffgebiet, sondern biete deinem Gehirn Abwechslung, indem du z.B. schriftliche und mündliche Hausaufgaben abwechselnd erledigst.

✔ Entspanne dich während der Pausen mit Meditation, Traumreisen (s. S. 57) oder Muskelübungen, vor allem, wenn du seelisch belastet oder überreizt bist.

✔ Gehe regelmäßig spazieren und treibe Sport, damit dein Gehirn ausreichend mit Sauerstoff versorgt ist.

✔ Achte auf eine gesunde Ernährung (s. rechts).

# Iss dich schlau!

Wer geistig fit sein will, muss sich gesund ernähren. Obwohl unser Gehirn ein Leichtgewicht ist, benötigt es ein Fünftel unseres Energiebedarfs. Trinke viel Wasser, damit das Blut flüssig bleibt und den Sauerstoff schnell ins Gehirn leitet. Sozusagen »schlau essen« kannst du dich mit diesen Nahrungsmitteln:

**Vollkornbrot und -nudeln:** Sie liefern Zucker aus Kohlenhydraten, der (im Unterschied zu Zucker aus Süßigkeiten) langsam ins Blut aufgenommen wird und das Gehirn auf Dauerleistung programmiert.

**Fisch:** Er enthält Omega-3-Fettsäuren, die die Nervenzellhüllen geschmeidig und durchlässig halten und so den Informationsfluss im Gehirn erleichtern.

**Haferflocken:** Sie liefern Fettsäuren und den Mineralstoff Magnesium, der vor Stress schützt.

**Sojabohnen:** Sie enthalten Lecithin, einen Bestandteil der Nervenzellmembranen. Er wird zum Nervenbotenstoff Acetylcholin umgebaut und verbessert die Nervenreizleitung und die Erneuerung der Nervenzellen.

**Nüsse:** Sie liefern Omega-3-Fettsäuren und Cholin, ein B-Vitamin und die Vorstufe des Acetylcholins. Wal-, Hasel- und Erdnüsse enthalten die Aminosäure Isoleucin, die das Denkvermögen verbessert.

**Bananen:** Sie liefern die Aminosäure Tryptophan, die im Gehirn zum Glückshormon Serotonin umgebaut wird. Ist man glücklich, kann man leichter lernen.

**Äpfel:** Sie enthalten Quercetin, einen sekundären Pflanzenstoff, der die Gehirnzellen schützt und sie länger fit hält.

# Werde Lern-Manager!

Die meisten Schüler wünschen sich gute Noten und tun auch etwas dafür. Nicht immer genug, denn neben dem Lernen soll schließlich noch ausreichend Zeit bleiben für andere Dinge, die Spaß machen. Um Pauken und Freizeitvergnügungen unter einen Hut zu bringen, empfiehlt es sich, gezielt zu arbeiten und die knappe Zeit nicht zu vertrödeln, sondern wie ein Manager so einzuteilen, dass das Lernziel mit möglichst geringem Aufwand erreicht wird. Hausaufgaben lassen sich schneller erledigen, wenn man schon im Unterricht gut aufgepasst und mitgearbeitet hat. Lässt man das, was der Lehrer sagt, nur an sich herabrieseln, bleibt nichts im Gedächtnis hängen. Schreibt man im Unterricht dagegen konzentriert mit, diszipliniert man seine Gedanken, die nun nicht mehr so einfach abschweifen können. »Aktives Zuhören« nennen das die Lernforscher. Der Schüler hört den Stoff nicht nur, sondern verarbeitet und vernetzt ihn im Gehirn bereits, sodass er später im Langzeitgedächtnis viel schneller abgespeichert werden kann.

Lieber eine Stunde Schule
als überhaupt keinen Schlaf.

Wenn alles schläft und einer spricht –
das nennt der Mensch dann Unterricht.

In der Schule komme ich mir vor wie
auf dem Polizeiposten. Ich werde dauernd gefragt
und weiß von nichts.

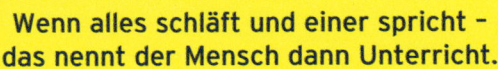

## Gut zu wissen!

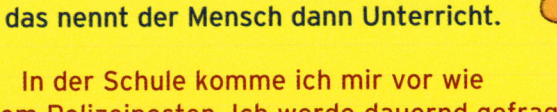

Was wir im Unterricht aufschreiben, wollen wir später irgendwann wieder lesen und verstehen. Wenn du deine eigene Schrift kaum entziffern kannst und die Texte ohne erkennbare Anordnung im Heft stehen, wirst du die Inhalte später nicht mehr begreifen. Fehler schleichen sich ein – und manchmal merkst du es gar nicht. Oft kannst du nicht gleich mit dem Lernen loslegen, sondern musst erst mühevoll im Schulbuch nachschlagen, um nachzuvollziehen, was mit deinem Gekrakel überhaupt gemeint war. Mit einer schlampigen Schrift und Heftführung erschwerst du dir also selbst das Lernen und verplemperst viel Zeit und Nerven, wenn du vor der Arbeit den Stoff überprüfen und nacharbeiten musst. Wie wäre es stattdessen mit einer lesbaren Schrift und einer übersichtlichen Heftführung?

✔ Schreibe deutlich, sauber und lesbar, schön muss deine Schrift nicht sein.

✔ Achte beim Mitschreiben darauf, dass du die Worte und Zahlen nicht ungeordnet aneinanderreihst. Gewöhne dir eine bestimmte Heftstruktur an, die dir später dabei hilft, die Texte schneller zu erfassen und im Gedächtnis zu speichern.

✔ Halte die Heftränder ein und gliedere deine geschriebenen Texte durch Absätze, Überschriften, Unterstreichungen und Unterpunkte. So prägen sich die Inhalte leichter ein.

✔ Vergiss nicht, Hefteinträge nachzuholen, wenn du gefehlt oder im Unterricht nicht aufgepasst hast. Wenn du nicht kapierst, was dein Banknachbar im Unterricht mitgeschrieben hat, lies den Stoff im Schulbuch nach, oder bitte einen Lehrer, dir z. B. eine Aufgabe, die du versäumt hast, zu erklären.

✔ Versuche Rechtschreibfehler zu vermeiden. Schlag in einem Rechtschreiblexikon nach, wenn du unsicher bist, und korrigiere deine Fehler, damit sie sich nicht einprägen!

Die Rechtschreibung schwieriger Wörter kannst du dir
leichter merken, wenn du zwischen dem Wort und seiner Schreibweise eine Verbindung herstellst. »Aus dem
Stegreif« z. B. schreibt man ohne »h«. Das kann man
sich merken, indem man sich einen Reifen vorstellt,
der auf einem Steg liegt (nicht steht!). Für jedes Wort
lässt sich so ein Bild erfinden, das hilft, die richtige
Schreibweise zu behalten. Erfinde eigene Bilder, denn
sie prägen sich besser ein als vorgegebene.

## Gut zu wissen!

Kinder, die unter Lese- und Rechtschreibschwäche
leiden, sind nicht dumm, manche sogar hochintelli-
gent. Trotzdem haben etwa 4 % der deutschen Schüler große Schwierigkeiten, gesprochene oder gehörte
Worte in geschriebene Sprache umzusetzen. Wird
diese »Legasthenie« früh erkannt, lässt sie sich durch
spezielle Trainingsprogramme behandeln. Doch nicht
jeder mit Rechtschreibschwierigkeiten leidet unter Legasthenie, oft stecken Faulheit oder Nachlässigkeit
dahinter. Lass deine Fehler nicht einschleifen, sondern
bemühe dich, deine Rechtschreibung zu verbessern.
Wenn du in deiner Freizeit Bücher liest, verbesserst du
deine Rechtschreibung auf unterhaltsame Weise, denn
beim Lesen prägen sich die Wörter automatisch ein.
Auch Übungsdiktate, Trainingsbücher oder Lernsoftware
können weiterhelfen.

# Der Hausaufgabenplan

Man kann sich Vokabeln natürlich kurz vor der Stunde reinziehen oder sich der Hoffnung hingeben, dass man nicht abgefragt wird. Schriftliche Hausaufgaben lassen sich morgens flugs vom Klassenstreber abschreiben und Referate in Windeseile aus dem Internet herunterladen. Schlauer wird man mit diesen Maßnahmen allerdings nicht. Lehrer merken es in der Regel sehr schnell, ob man sich den Stoff selbst erarbeitet hat oder nur so tut als ob. Spätestens in der Prüfung stellt es sich heraus, wenn ein Schüler den Stoff nicht verstanden hat oder ihn nicht aus seinem Gedächtnis abrufen kann. Gibt es während der Arbeit keine Möglichkeit, vom Nachbarn abzuschreiben, sind schlechte Noten, Ärger über sich selbst und Standpauken der Eltern vorprogrammiert. Es lohnt sich also, die Hausaufgaben selbst zu machen. Mit ihnen kann man den Unterrichtsstoff auf einfache Weise festigen, vertiefen und üben, selbstständig zu arbeiten. Und wenn du sie geschickt planst, sind sie schneller erledigt, als du denkst. Zum Planen brauchst du einen Terminkalender, in dem festgelegt ist, was du wann zu erledigen hast. Deine Aufgaben lassen sich so auf mehrere Tage verteilen und in Ruhe der Reihe nach abarbeiten. So hast du die Schule im Griff, vermeidest Druck und Stress und hast dennoch genügend Zeit für die schönen Dinge des Lebens.

<blockquote>
»Man verachtet kühne Pläne, wenn man sich große Erfolge nicht zutraut.«

Luc de Clapiers, Marquis de Vauvenargues, französischer Philosoph (1715–1747)
</blockquote>

## Wie du einen Hausaufgabenplan erstellst

✔ Schreibe in einem Hausaufgabenheft alle Hausaufgaben auf, damit du sie nicht vergisst. Schreibe deutlich und übersichtlich!

✔ Trage alle Prüfungen, auf die du dich vorbereiten musst, in einen Terminkalender ein, damit du rechtzeitig mit der Vorbereitung der einzelnen Fächer beginnen kannst. Wie viel Zeit hast du zur Verfügung? Teile sie gut ein!

✔ Ordne die Hausaufgaben nach Dringlichkeit und schreibe sie nacheinander auf einen Zettel. Was musst du heute erledigen, was kannst du auch morgen oder am Wochenende abarbeiten?

✔ Erstelle für jeden Tag einen Zeitplan, berücksichtige dabei auch Pausen und Freizeittermine.

### Kennst du den?

Der Lehrer fragt:
»Lena, wie ist das nur möglich? Vierzehn Fehler auf einer einzigen Seite.« – »Das liegt daran, weil Sie wie verrückt danach suchen«, antwortet Lena.

## Wie du den täglichen Hausaufgaben-berg mühelos bewältigst ...

✔ Lege jeden Tag, bevor du mit den Hausaufgaben beginnst, eine Mittagspause ein und entspanne dich dabei (s. S. 56/57).

✔ Arbeite jeden Tag am selben Arbeitsplatz und sorge dafür, dass du dich dort wohlfühlst (s. S. 48–50).

✔ Sorge für Abwechslung beim Lernen. Mische münd-liche und schriftliche Hausaufgaben. Lerne z. B. als Erstes Englischvokabeln, löse danach deine Mathe-aufgaben und lies erst dann im Biologiebuch. Achte darauf, dass du nicht gleich nacheinander Latein- und Englischvokabeln paukst, dein Gehirn wird sonst strei-ken und alles verwechseln!

✔ Beginne mit dem Fach, das dir am meisten Spaß macht, oder einer Aufgabe, die schnell zu erledigen ist. Streiche auf deinem Plan die Aufgaben, die du erledigt hast, durch, damit du ein Erfolgserlebnis hast und merkst, dass der Lernberg zu bewältigen ist und du deinem Lernziel immer näher kommst.

✔ Plane regelmäßige Lernpausen ein.

✔ Belohne dich, wenn du dein Tagespensum erfüllt hast. Mach dir selbst eine Freude!

## ... und kontrollierst, was du kannst

✔ Formuliere schriftliche Fragen, die du dir selbst beantwortest. Beim Schreiben prägt sich der Stoff ein, und du merkst, welche Zusammenhänge du nicht verstanden oder in welchen Bereichen du noch Lücken hast.

✔ Bitte Eltern oder Geschwister, dir Fragen zu stellen, und versuche sie zu beantworten.

✔ Bearbeite Übungsfragen oder löse Aufgaben. Für die meisten Fächer gibt es unterrichtsbegleitendes Übungsmaterial (z. B. Lernsoftware, Bücher), das du dir in der Bibliothek ausleihen oder im Internet abrufen kannst. Achte aber darauf, dass die Übungsaufgaben genau auf den im Unterricht behandelten Lernstoff abgestimmt sind.

**Kennst du den?**
Zwei Freunde treffen sich
am Silvesterabend. Sagt der eine:
»Also, ich habe für das neue Jahr
einen Vorsatz gefasst:
Ich wette nicht mehr.«
»Geh, das schaffst du ja doch nicht«,
meint der andere.
Darauf der Erste: »Wetten?«

# Keine Angst vor Prüfungen

Mit schriftlichen Prüfungen wird getestet, ob du den Lernstoff verstanden und behalten hast. Bist du gut vorbereitet, gibt es keinen Grund, Angst davor zu haben. Doch leider schieben viele Schüler die Vorbereitung auf die Prüfung viel zu lange auf. Sie fangen erst kurz vor dem Termin damit an, den Lernstoff zu sichten, und müssen dann in kürzester Zeit einen riesigen Lernberg bewältigen. Kein Wunder, dass dieses Vorhaben oft scheitert!

## Wie du dich auf Prüfungen super vorbereitest

✔ Trage in einem Kalender ein, wann du welche Arbeit schreibst. Beginne schon Wochen oder Tage vorher mit der Vorbereitung.

✔ Verschaffe dir einen Überblick über den Lernstoff und stelle das Material (Bücher, Hefte, Software, Zirkel etc.), das du zum Üben brauchst, zusammen.

✔ Frage deinen Lehrer, welchen Stoff er bei der Arbeit abfragt, und bitte ihn um Tipps für die Vorbereitung. Es muss klar sein, wo die Schwerpunkte liegen.

ZEUGNIS 1

✔ Liste deine Lücken auf und hole den Unterrichtsstoff, den du versäumt hast, rechtzeitig nach. Schreibe fehlende Hefteinträge ab, lies in Büchern nach oder frage andere, wenn du etwas nicht verstanden hast.

✔ Versuche herauszufinden, welche Fragemuster der Lehrer bevorzugt. Was und wie fragt er ab? Schreibe mit, wenn der Lehrer Mitschüler mündlich abfragt. Oft kommen in der Arbeit ähnliche Aufgaben dran.

✔ Teile dir die Zeit, die dir zur Verfügung steht, sinnvoll ein, vor allem, wenn du für mehrere Prüfungen gleichzeitig lernen musst.

✔ Erstelle einen Lernplan, indem du den Stoff in kleinere Portionen unterteilst und diese auf die Tage verteilst, die dir zur Verfügung stehen. Der Lernplan muss das Lesen, Aufbereiten (z.B. Exzerpte, Lernkarteien), Einpauken, Üben und Wiederholen berücksichtigen.

✔ Achte bei deiner Planung darauf, dass die letzten Tage vor der Prüfung zur Wiederholung des neuen Stoffs frei bleiben.

✔ Schreibe zuerst den Stoff in Form von Mind-Maps (s. S. 90/91) oder anderen Exzerpten (verkürzte Textauszüge) zusammen und präge ihn dir dann in kleinen Portionen nach und nach ein.

✔ Teste dein Wissen regelmäßig, indem du dir selbst Fragen stellst oder dich abfragen lässt. Schreibe das, was du dir schlecht merken kannst, auf Spickzettel (s. S. 70/71), die du dir einprägst und wiederholst.

✔ Streiche auf deinem Lernplan die Aufgaben durch, die schon erledigt sind, sodass der Lernberg, den du vor dir hast, jeden Tag kleiner wird.

## Spickzettel – ja oder nein?

Spickzettel haben viele Vorteile. Sie vertreiben die Prüfungsangst, beruhigen das Gewissen, können schlau machen und lassen sich leicht herstellen. Man schreibt einfach die Dinge auf, die man sich nicht merken kann – z. B. Formeln oder Vokabeln. Im Notfall, z. B. bei einer Arbeit, ist der Spickzettel, wenn er klein genug und richtig untergebracht ist, einsatzbereit. Als lehrersichere Versteckplätze bieten sich Mäppchen, Papiertaschentücher-Päckchen oder Hefte an. Auch Ärmel oder Fäuste kommen in Betracht. Doch in falsche Hände darf ein Spickzettel niemals gelangen, denn sonst gibt's Ärger – und zwar großen! Manche Schüler nutzen deshalb die Hand selbst als Spickzettel und wischen das Geschriebene einfach schnell weg, wenn Gefahr naht. Im Sommer bieten sich auch Beine oder Arme als Spickzettel an. Das Schulpult als Spickzettel zu nutzen, ist riskant und nicht zu empfehlen. Stell dir vor, der Lehrer setzt die Klasse um oder missgünstige Schüler petzen! Völlig nutzlos ist ein schlampig geschriebener Spickzettel – wenn man seine Schrift nicht lesen kann, war die ganze Mühe umsonst. Spickzettel bergen also viele Risiken. Ihr Einsatz im Klassenzimmer ist deshalb nur im äußersten Notfall zu empfehlen. Als Mittel zur Prüfungsvorbereitung sind sie aber durchaus nützlich und zur Beruhigung im Schul-Survival-Kit unentbehrlich.

# Wie du wirkungsvoll mit dem Spickzettel arbeitest

✔ Fasse die wichtigsten Inhalte des Lernstoffs schriftlich auf einem Spickzettel zusammen. Schreibe in Stichpunkten, verkürze die Inhalte, aber so, dass klar und verständlich bleibt, wovon die Rede ist.

✔ Hebe die wichtigsten Begriffe durch Farben und Unterstreichungen hervor und versuche sie dir im Gedächtnis einzuprägen.

✔ Kürze den Spickzettel und schreibe einen zweiten. Konzentriere dich dabei nur noch auf die Vokabeln, Regeln, Formeln, Daten, Begriffe, Zahlen und Fakten, die du dir schlecht merken kannst.

✔ Nimm den zweiten Spickzettel zur Beruhigung in die Schule mit und lies ihn kurz vor der Arbeit noch einmal durch.

✔ Nutze den Spickzettel während der Arbeit nur im absoluten Notfall. Mach dir klar, dass dein Lehrer ein schlechtes Bild von dir gewinnt, wenn er dich beim Abschreiben erwischt, und dass du eine schlechte Note riskierst, obwohl du den Stoff eigentlich beherrschst.

»Die ganze Arbeit ist versaut, wenn man dir den Spicker klaut.«

Schülerweisheit

# Die besten Lerntechniken

»Ich habe aber doch gelernt«, jammern viele Schüler, die sich stundenlang auf eine Prüfung vorbereitet und dennoch eine schlechte Note kassiert haben. Sie machen sich nicht klar, dass es nicht genügt, den Stoff zu lesen, zu schreiben und kurz zu wiederholen. Um den Stoff wirklich zu verstehen, ihn zu beherrschen und während der Arbeit wieder abrufen zu können, muss er im Langzeitgedächtnis gespeichert sein. Lern-psychologen haben herausgefunden, dass sich die Gedächtnisleistung mit bestimmten Lerntechniken und »geistigen Daten-Ablagesystemen« erheblich steigern lässt. Als wichtigste Lerntechniken empfehlen sie:

### ✏ Bilder im Kopf
Stellt man sich zu den Daten, die man sich merken will, passende geistige Bilder vor, prägen sie sich leichter im Gedächtnis ein.

### ✏ Verknüpfung (Assoziation) von neuen Daten mit Bekanntem
Verbindet man die inneren Bilder von zwei Begriffen miteinander zu einem Paket, kann man sie sich besser merken (s. S. 77). Wie du die Bilder und Begriffe ver-knüpfst, bleibt deiner Fantasie überlassen.

### ↝ Räumliche Zuordnung (Lokation)

Wenn man sich die Daten, die man sich merken will, an einem bestimmten Fantasieort vorstellt und dort »ablegt«, lassen sie sich aus dieser »Landkarte der Erinnerung« leichter wieder abrufen. Eine bestimmte Reihenfolge von Gegenständen z. B. prägt sich besser ein, wenn man jeden Gegenstand vor dem inneren Auge mit einem bestimmten Platz (z. B. in einer Wohnung) verknüpft. Macht man eine Fantasiereise durch die imaginäre (vorgestellte) Wohnung, kann man die Gegenstände später leicht wieder abrufen.

### ↝ Vorstellungskraft (Imagination)

Innere Bilder prägen sich umso besser ein, wenn du deine Vorstellungskraft nutzt, um sie auszuschmücken. Je stärker das Bild mit sinnlichen Eindrücken (Farben, Lauten, Duft, Geschmack) verknüpft wird, desto aufregender und einprägsamer wird es.

## Kaum zu glauben!

Wissenschaftler vermuten, dass am Lernprozess alle Sinne, auch der Geruchs- und Geschmackssinn beteiligt sind. Versuchspersonen, die gedanklich ein bestimmtes Wort (z. B. »Kastagnette«) mit einem bestimmten Geschmack (z. B. »Thunfisch«) verbinden, empfanden in späteren Befragungen den mit dem Wort verknüpften Geschmack, noch bevor sie das betreffende Wort nannten.

## Eselsbrücken & Co.

Um Jahreszahlen, Daten und andere wenig anschauliche Fakten im Gedächtnis zu behalten, haben sich bei Generationen von Schülern Eselsbrücken und Akronyme bewährt. Auch Lernpsychologen empfehlen solche Wortfolgen, Merksätze und Reime als Hilfsmittel. Die in den Eselsbrücken enthaltenen Bilder regen das visuelle (das Sehen betreffende) Gedächtnis an und beschleunigen so das Lernen. Sätze, die sich auch noch reimen, unterstützen das akustische (klangliche, Hör-) Gedächtnis. Hier einige Beispiele:

### Deutsch

✎ Den »Tiger« schreib mit langem »i«, jedoch mit »ie« schreib ihn nie!

✎ Doppel-»a«, das ist doch klar, sind in Waage, Haar und Paar!

✎ Wenn »wider« nur »dagegen« meint – dann ist das »e« dem »i« stets Feind! Wenn »wieder« nur »noch einmal« meint – dann sind dort »i« und »e« vereint!

✎ Das »scheinbar« hör ich weinend – du meinst gewiss »anscheinend«!

✎ »Auf einmal« schreibt man zweimal!

✎ Wer »nämlich« und »ziemlich« mit »h« schreibt, ist nämlich ziemlich dämlich!

✎ Wer brauchen ohne »zu« gebraucht, braucht brauchen gar nicht zu gebrauchen!

✎ »Gar nicht« wird gar nicht zusammengeschrieben!

✎ Nach »l, n, r«, das merke ja, steht nie »tz« und nie »ck«!

Eselsbrücken sind Merkreime oder Lernsprüche, die als Gedächtnisstütze dienen und uns dabei helfen, bestimmte Daten im Gehirn abzuspeichern. Das Wort »Eselsbrücke« geht von einem als dumm angesehenen Esel (dem Gedächtnis) aus, der durch eine Hilfe (den Merkspruch) ans Ziel kommt (sich erinnert). Das Bild stützt sich auf das Verhalten von Eseln, die sich meist beharrlich weigern, selbst kleinste Wasserläufe zu durchwaten. Früher baute man kleine Brücken, um mit den Lasttieren die Gewässer überqueren zu können und ans Ziel zu kommen.

Akronyme (Initialworte) sind Buchstaben- oder Wortfolgen, mit denen man sich bestimmte Inhalte leichter merken kann. Meist bestehen sie aus den ersten Buchstaben mehrerer Worte (z. B. GAU für Größter anzunehmender Unfall, TÜV für Technischer Überwachungsverein) oder Sätzen. Mit einem Satz wie »Eine alte dumme Gans holt Eier« kann man sich z. B. die Folge der Gitarrensaiten E, A, D, G, H, E merken.

75

# Fremdsprachen lernen

Fremdsprachen wie Englisch zu beherrschen macht Spaß und wird heute in den meisten Berufen als selbstverständlich vorausgesetzt. Leider gibt es keine Methode, sich Wörter und Grammatik wie im Schlaf ins Gedächtnis einzubrennen. Man muss schon seinen Grips anstrengen und pauken. Um den Lernstoff zu verarbeiten, ihn im Gedächtnis zu speichern und wieder abrufen zu können, gibt es verschiedene Methoden. Am besten prägt er sich ein, wenn möglichst viele Sinneskanäle (z. B. Sehen, Hören) gleichzeitig einbezogen sind. Manche Schüler schreiben die Wörter ab und können sie sich, wenn sie sie in der eigenen Schrift vor sich sehen, gut einprägen. Andere lernen leichter, wenn sie sich Tonaufnahmen mit dem Text anhören oder den Text leise vor sich hin sprechen. Innere Bilder, die das geistige Auge mit den Vokabeln verknüpft, helfen, die fremdsprachigen Wörter und ihre Bedeutung leichter im Gedächtnis zu verankern.

>>Sage es mir, und ich vergesse es.
Zeige es mir, und ich erinnere mich.
Lass es mich tun, und ich behalte es.<<

Konfuzius, chinesischer Philosoph (551–479 v. Chr.)

## Lern-Tipp: Vokabeln lernen mithilfe von inneren Bildern und Orten

Alle Worte, auch abstrakte Begriffe wie »Mut«, lassen sich in Bilder umsetzen. Zum Wort »Freiheit« (englisch: »freedom«) kann man sich z. B. die Freiheitsstatue in New York bildlich vorstellen. Wenn zwei Begriffe bildlich interagieren (miteinander etwas tun, sich räumlich durchdringen), prägen sie sich noch leichter ein. Um eine Verbindung zwischen den Lauten des fremdsprachigen Wortes und der Bedeutung in deiner Muttersprache zu verdeutlichen, stellst du dir am besten Bilder vor, in denen etwas passiert. Dazu ein Beispiel: »Brötchen« heißt auf Englisch »roll«. Du kannst dir das Wort leichter merken, wenn du dir vorstellst, wie ein Bäcker den Teig zu einem runden Brötchen rollt.

## Lern-Tipp: Ablage in geistigen Orten im Gehirn

Willst du dir das Geschlecht von Hauptwörtern merken (z. B. spanisch: »la sal«, Femininum, »das Salz«), denkst du dir im Gehirn zwei Orte, die du gut kennst, aus. In einem (z. B. München) legst du beim Lernen immer alle Worte mit weiblichem, im anderen (z. B. Berlin) alle Worte mit männlichem Geschlecht ab.

# Wie du dir Vokabeln super merken kannst

✔ Lerne Vokabeln mit allen Sinnen: Lies sie, sprich sie laut aus, schreibe sie und höre CDs an.

✔ Teile die Vokabeln in kleine Portionen ein. Lerne immer sieben Vokabeln auf einmal und mach anschließend eine kleine Pause, bevor du dich an das nächste Siebener-Paket machst.

✔ Sage dir jedes neu zu lernende Wort siebenmal laut vor und versuche, es dir dabei einzuprägen. Du kannst die Wörter auch auf eine Kassette sprechen und mehrmals abhören.

✔ Verknüpfe die neuen Vokabeln mit Bekanntem, das bereits in deinem Gedächtnis gespeichert ist (das lateinische Wort »movere«, bewegen, erinnert z. B. an das englische Wort »to move«).

✔ Bilde Wortfelder aus neuen und alten Vokabeln (z. B. Wortfeld Familie: Vater, Mutter, Onkel, Tante, Neffe etc.).

✔ Entwickle innere Bilder zu den Wörtern, die du dir besonders schlecht merken kannst.

✔ Überprüfe dich selbst, indem du dich abfragen lässt. Hat keiner Zeit, fragst du dich selbst ab.

✔ Schreibe die Wörter, die du dir schlecht merken kannst, auf Kärtchen und lege eine Lernkartei an.

✔ Wiederhole die Wörter vor dem Schlafengehen.

## Lern-Tipp: Lernkartei

Die Lernkartei eignet sich für die Vokabeln, die man sich besonders schwer merken kann. Sie besteht aus beschrifteten Karteikarten (im DIN-A7-Format), die in einem Karteikasten aufbewahrt und geordnet werden. Auf die Vorderseite jedes Kärtchens schreibst du das deutsche Wort (z. B. »Lehrer«), auf die Rückseite das fremdsprachige Wort (z. B. »teacher«). Am besten schreibst du außerdem in kleinerer Schrift ein Sätzchen dazu, in dem das Wort vorkommt: auf die Vorderseite den Satz auf Deutsch (z. B. »Der Lehrer unterrichtet die ganz Kleinen.«), auf die Rückseite die englische Übersetzung (»The teacher teaches tiddlers.«). Überprüfe nach jedem Eintrag noch einmal, ob du die Wörter richtig geschrieben hast. Teile die Lernkartei in mehrere Fächer ein: Ins erste Fach kommen die Vokabeln, die du noch nicht beherrschst. Ins zweite Fach wandern die Vokabeln, die du bei der ersten Überprüfung das erste Mal richtig beantwortet hast. Im dritten Fach landen die Vokabeln, die sich im Gedächtnis schon eingeprägt haben. Doch auch sie musst du von Zeit zu Zeit wiederholen! Am besten legst du für jede Fremdsprache (z. B. Englisch, Latein) einen Karteikasten an.

## Lern-Tipp: Chunking

Den Lernstoff in leicht verdauliche kleine Portionen aufzuteilen, nennt man Chunking (Klumpen bilden) oder »Siebener-Regel«. Unser Gedächtnis kann sich nämlich für kurze Zeit ungefähr sieben Begriffe auf einmal merken. Wenn man aus einer langen Liste von Aufzählungen (z. B. Vokabeln) jeweils sieben zu einem Paket zusammenfasst, lässt sich die lange Aufzählung viel leichter im Gedächtnis speichern. Probier's mal aus!

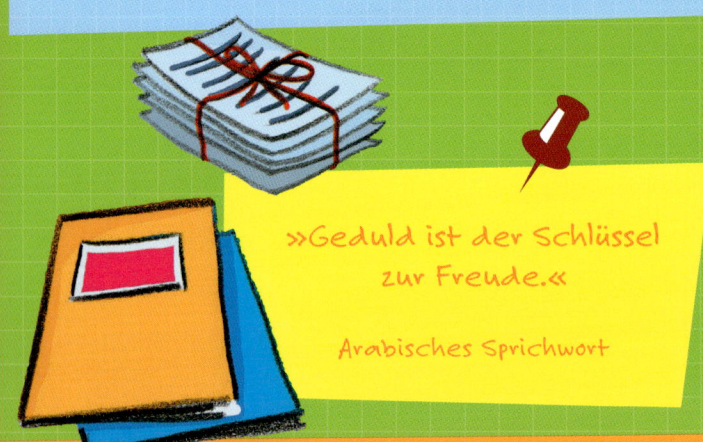

»Geduld ist der Schlüssel zur Freude.«

Arabisches Sprichwort

## Lern-Tipp: Wiederholen, wiederholen!

Wiederhole die Vokabeln, die du dir merken musst, regelmäßig. Am besten am selben Tag noch einmal, dann 24 Stunden später, dann eine Woche später, dann einen Monat und schließlich drei Monate später. Irgendwann werden sie sich endgültig im Langzeitgedächtnis festgesetzt haben!

Zu vielen Schulbüchern gibt es CDs und begleitende Lernsoftware, die dir dabei helfen, den Stoff zu üben, deine Aussprache zu verbessern und dein Sprachgefühl zu trainieren. Wenn du die Fremdsprache, die du lernst, im Alltag gleich anwendest, prägt sie sich noch leichter im Langzeitgedächtnis ein. Kaufe oder leihe dir fremdsprachige Bücher, Jugendzeitschriften oder Comics und lese sie in deiner Freizeit. Auch Musik-CDs und DVDs können deinen Wortschatz erweitern. Anfänger beginnen am besten mit fremdsprachigen Bilderbüchern oder DVDs mit deutschen Untertiteln und ersetzen sie später durch anspruchsvollere Bücher, Zeitschriften und DVDs mit fremdsprachigen Untertiteln. Und wie wär's mit einem Brieffreund im Ausland? Ob per Post oder E-Mail, ein Briefwechsel macht Spaß und kann deine Sprachkenntnisse spielend vertiefen.

Kennst du den?
Der Lehrer bittet Maxi zu schätzen, wie hoch die Schule ist.
»1,30 m«, antwortet Maxi.
»Wie kommst du denn da drauf?«, fragt der Lehrer. —
»Ich bin 1,50 m und die Schule steht mir bis zum Hals.«

Merke dir Grammatikregeln, indem du sie einem Freund in deinen eigenen Worten erklärst. Hast du dabei Schwierigkeiten, hast du sie selbst noch nicht richtig verstanden und solltest sie deshalb noch einmal nachlesen. Am besten lernst du die Regeln zusammen mit **Beispielsätzen.** Denke dir selbst welche aus und versuche sie dir zu merken. Greife zur Übung Sätze aus Texten heraus und versuche herauszufinden, welche Regel im betreffenden Satz zur Anwendung kommt. Auch innere Bilder, Akronyme und Eselsbrücken in Reimen (s. S. 75) können nützlich sein, um Grammatikregeln im Gedächtnis zu speichern.

## Lern-Tipp: Eselsbrücken für Englisch

✎ »yesterday«, »ago« und »last« erfordern stets das Simple Past

✎ with »who« never »to do« (Ausnahme: Who do you think you are?)

✎ he, she, it – das »s« muss mit

✎ »did« und Grundform ist die Norm, nach »did« steht nie die Past-Tense-Form (Beispiel: Did you go shopping?)

✎ S P O M P T – Satzstellung im englischen Satz: **S**ubject **P**redicate **O**bject **M**anner **P**lace **T**ime ( ungewöhnliches Wort, prägt sich daher super ein)

## Kennst du den?

Der Lehrer fragt: »Janis! Wenn vier mal vier sechzehn ist und sechs mal sechs sechsunddreißig — wie viel ist dann sechsunddreißig mal sechsunddreißig?«
Janis antwortet:
»Das ist aber ungerecht, Herr Lehrer. Sich selbst fragen Sie die leichten Sachen und ich muss die schwierigen beantworten.«

## Lern-Tipp: Eselsbrücken für Latein

✎ a, ab, abs, e, ex und de, cum und sine, pro und prae stehen mit dem Ablativ

✎ In die Semmel biss der Kater: semel – bis – ter – quater (= einmal – zweimal – dreimal – viermal)

✎ nach si, nisi, ne, num, pro, ubi, quando, cum fällt der alium (z. B. »quis« statt »aliquis« usw.)

✎ unus, solus, totus, ullus, uter, alter, neuter, nullus und uterque haben alle »-ius« in dem zweiten Falle, doch im Dativ enden sie, wie alius, mit langem »-i«

✎ aqua – das Wasser, vinum – der Wein, scher dich zum Teufel, verfluchtes Latein!

# 129+47= Mathe kapieren 4655:5=

Für viele Schüler ist Mathe ein Hassfach. Doch selbst wenn man sich für Zahlen wenig begeistert und nicht gerade ein Rechengenie ist, kann man in diesem Fach, wenn man aufpasst, mitdenkt und regelmäßig übt, gute Leistungen bringen. Aus Scheu, sich zu blamieren, wagen es jedoch viele Schüler nicht nachzufragen, wenn sie etwas nicht verstanden haben – dabei sind oft auch andere froh, wenn man noch einmal nachhakt. Weil der neue Lernstoff oft auf dem alten aufbaut, geraten sie so zunehmend in Schwierigkeiten und scheitern schließlich bei jeder Prüfung. Sie stempeln sich selbst als Mathe-Versager ab, trauen sich immer weniger zu, schalten im Unterricht ab und üben zu Hause gar nicht mehr. Meist schaffen sie es ohne Nachhilfe nicht mehr, ihre Lücken wieder aufzuholen. Lass es nicht so weit kommen! Jeder kann Mathe lernen. Vielleicht gehörst du zu den Schülern, die dazu etwas länger brauchen. Macht doch nichts!

>>Wer sich fürchtet zu fragen, schämt sich zu lernen.<<

Sprichwort aus Dänemark

Lies die Textaufgabe aufmerksam durch und schreibe heraus, was gegeben und was gesucht ist. Eine Zeichnung kann dir helfen, die Fragestellung leichter zu erfassen. Überlege dir, welche mathematische Regel anzuwenden ist. Vielleicht hast du ähnliche Aufgaben schon im Unterricht gelöst? Versuche dich an die Lösungswege zu erinnern. Schau dir am Schluss das Ergebnis an und überlege, ob es richtig sein kann.

✎ Die Null teile nie, das bricht dir die Knie. Differenzen und Summen kürzen nur die Dummen!

✎ Punktrechnung vor Strichrechnung geht, die Klammer über allen steht.

✎ Zwei Punkte begrenzen die Strecken, die Strahlen sind einmal fixiert, wo unbegrenzt Linien sich recken, sind sie als »Gerade« definiert.

✎ Der Nullen sechs hat die Million, mit neun glänzt die Milliarde schon. Es folgt mit zwölf ihr die Billion, zuletzt mit achtzehn die Trillion.

✎ Innen hat die Kugelei 4/3 Pi mal r hoch 3, und was sie auf dem Buckel hat, ist 4-mal Pi mal r Quadrat.

## Wie du die Scheu vor Mathe allmählich verlierst

✔ Denke im Unterricht mit und frage sofort nach, wenn du einen Rechenweg oder eine Aufgabe nicht verstanden hast.

✔ Erledige deine Hausaufgaben selbstständig und denke dabei den Unterrichtsstoff noch einmal durch. Was hast du nicht verstanden? Notiere alles und frage am nächsten Tag deinen Lehrer.

✔ Teste dein Wissen anhand unbekannter Übungsaufgaben. Es genügt nicht, einen Rechenansatz oder eine Formel theoretisch verstanden zu haben. Man muss mathematisches Wissen auch fehlerfrei anwenden können. Das heißt rechnen und regelmäßig üben!

✔ Lege dir neben dem eigentlichen Mathe-Heft ein zweites Heft zu, in das du Formeln, Regeln, Konstruktionen, beispielhafte Anwendungen und Aufgaben schreibst. In ein drittes Heft schreibst du die Übungsaufgaben, die du als Vorbereitung auf die Arbeit rechnest.

✔ Liste deine Fehler und Lücken rechtzeitig vor der Prüfung auf und versuche sie aufzuholen. Nutze dazu Lernsoftware und Übungsbücher, die es in der Bücherei zu leihen oder im Buchhandel zu kaufen gibt.

✔ Wiederhole alte Aufgaben, deren Lösungswege im Heft stehen.

✔ Versuche dir die Formeln und Lösungswege, die du beherrschen musst, gut einzuprägen.

## Nützliche Teilbarkeitsregeln

✎ Jede Zahl, deren letzte Stelle durch 2 teilbar ist, ist durch 2 teilbar.

✎ Jede Zahl, deren letzte zwei Stellen als zweistellige Zahl durch 4 teilbar sind, ist durch 4 teilbar.

✎ Jede Zahl, deren letzte drei Stellen als dreistellige Zahl durch 8 teilbar sind, ist durch 8 teilbar.

✎ Jede Zahl, deren Quersumme durch 3 teilbar ist, ist durch 3 teilbar.

✎ Jede Zahl, deren Quersumme durch 9 teilbar ist, ist durch 9 teilbar.

✎ Jede Zahl, die durch 2 und 3 teilbar ist, ist durch 6 teilbar.

✎ Jede Zahl, die eine 5 oder eine 0 an letzter Stelle hat, ist durch 5 teilbar.

✎ Jede Zahl, die eine 0 an letzter Stelle hat, ist durch 10 teilbar.

### Kennst du den?

»Passt gut auf!«, sagt der Lehrer.
»Wenn zehn Maurer zum Bau eines Hauses hundert Tage brauchen, dann brauchen hundert Maurer für dieselbe Arbeit nur zehn Tage. Habt ihr das begriffen?« —
»Ja!«, ruft die Klasse.
»Jetzt nennt mir ein anderes Beispiel!« —
Eine Zeit lang herrscht Schweigen, dann meldet sich Daniel: »Wenn ein Schiff nach New York fünf Tage braucht, dann brauchen fünf Schiffe nur einen Tag!«

# Sachthemen erfassen

Schnell und effektiv zu lesen und dabei die Inhalte zu erfassen, ist eine wichtige Voraussetzung fürs Lernen. Dem Erstklässler fällt es anfangs noch schwer, Buchstaben zu erkennen und sie auseinanderzuhalten, aber nachdem er viel geübt hat, läuft das Lesen irgendwann ganz leicht und automatisch ab. Der Leser muss nicht mehr darüber nachdenken, was er tut, er liest einfach. Da unsere Augen und das Gehirn schneller arbeiten als unsere Sprechwerkzeuge, kann man besonders schnell lesen, wenn man innerlich nicht mehr mitspricht. Die Augen geübter Leser bleiben nicht bei jedem Wort einzeln stehen, sondern erfassen ganze Wortgruppen, ja sogar mehrere Zeilen auf einmal. Lesen heißt jedoch nicht nur, Worte zu entziffern und zu benennen, sondern auch, Inhalte zu begreifen. Damit wir den Stoff verstehen und behalten, muss er durchdacht und mit Bekanntem verknüpft werden. Bei einfachen, kurzen Sätzen geht das sehr leicht. Kompliziertere Sätze und Zusammenhänge muss man oft mehrmals lesen, um sie zu begreifen, und ihre Inhalte verkürzt herausschreiben, um sie im Gedächtnis speichern zu können.

## Kaum zu glauben!

Auch wenn wir einen Text mehrmals lesen, können wir ihn uns nicht unbedingt merken. Ein Psychologie-Professor führte dazu einen Selbstversuch durch und las sich ein bestimmtes Morgengebet insgesamt mindestens 5000 Mal laut vor. 25 Jahre später konnte er es immer noch nicht auswendig und fehlerfrei aufsagen!

## Lern-Tipp: Quiz

Wandle den Stoff, den du pauken musst, in ein Quiz um. Formuliere Fragen mit verschiedenen Antwortmöglichkeiten (darunter eine richtige) und schreibe sie auf. Stell die Fragen an einen Spielpartner und lass anschließend dich selbst abfragen. Durchdachte und hinterfragte Inhalte prägen sich besonders gut im Gedächtnis ein. In deinem Gehirn bilden sich dabei neue Nervenverbindungen, die dein Gehirn wie ein Netzwerk durchziehen und dafür sorgen, dass du das Gelernte jederzeit wieder abrufen kannst.

## Lerntipp: Eselsbrücken für Geschichte

✎  7, 5, 3 – Rom kroch aus dem Ei
   (Gründung Roms im Jahr 753 v. Chr.)
✎  476 – mit Rom ist es ex
   (Ende des Weströmischen Reiches)
✎  333, bei Issos Keilerei

(333 besiegte Alexander der Große den Perserkönig Darius III. in einer Schlacht bei Issos.)

## Texte verstehen

✔ Überfliege als Erstes schnell den Text, um grob zu erfassen, worum es geht.

✔ Lies den Text noch einmal gründlich, unterteile ihn in Textpassagen. Versuche zu ergründen, welche Inhalte wichtig, welche unwichtig sind. Wenn dir das Buch selbst gehört, markiere die wichtigsten Begriffe und Textpassagen. Unterstreiche aber sparsam!

✔ Formuliere für dich selbst Fragen, die du später mithilfe des Textes beantwortest.

✔ Fasse komplizierte Inhalte am besten schriftlich in Stichpunkten oder Schemata zusammen.

✔ Wiederhole den Stoff, den du dir herausgeschrieben hast, und versuche ihn dir einzuprägen (sprich dabei eventuell laut).

✔ Prüfe nach, ob du alle Fragen, die du anfangs gestellt hast, jetzt beantworten kannst. Wenn nicht, lies den Text noch einmal, ergänze deine Notizen.

Beispiel für eine Mind-Map:

## Lern-Tipp: Eselsbrücken für Geografie

✎ Iller, Lech, Isar, Inn fließen rechts der Donau hin, Altmühl, Naab und Regen sind dagegen links gelegen.

✎ Die Reihenfolge der Ostfriesischen Inseln kann man sich mit einem Akronym merken: Welcher Sportler liegt bis neun im Bett? (Wangerooge, Spiekeroog, Langeoog, Baltrum, Norderney, Juist, Borkum)

✎ Feldspat, Quarz und Glimmer – hat der Granit immer.

✎ Nie ohne Seife waschen! (Reihenfolge der Himmelsrichtungen im Uhrzeigersinn)

## Lern-Tipp: Mind-Map

Mind-Maps sind selbst erstellte Lern-Landkarten. Mit ihrer Hilfe kannst du Inhalte und Zusammenhänge verkürzt und in einer bildlich leicht erfassbaren Form darstellen. Die zentralen Punkte werden klar herausgearbeitet, alles Überflüssige wird weggelassen. Am besten nutzt du eine Doppelseite im Heft zur Erstellung einer Mind-Map. In der Mitte steht das übergeordnete Thema, das Schlüsselwort, von dem aus Verbindungslinien mit untergeordneten Begriffen abzweigen, die sich zu weiteren Unterbegriffen verästeln können. Verwende überwiegend Hauptwörter, die du durch Farben und Unterstreichungen hervorheben und verdeutlichen kannst. Besetze einen Ast nur mit ein bis zwei Wörtern und dehne die Karte nach allen Seiten aus. Links siehst du ein vereinfachtes Beispiel.

# Das Geheimnis des Flows

Vielleicht kennst du dieses Gefühl: Die Zeit scheint stillzustehen. Wir nehmen nicht mehr wahr, wo wir uns befinden und wer wir sind. Die Gedanken verschwinden. Unser Geist konzentriert sich einzig und allein auf eine bestimmte Beschäftigung, die uns so fesselt, dass wir sozusagen in ihr aufgehen. Psychologen nennen diesen Zustand »Flow« (Fließen, Strömen). Er kann auftreten beim Snowboardfahren, Fußballspielen, bei einem Computerspiel und beim Lesen eines spannenden Buchs. Auch beim Lernen kann sich dieses Hochgefühl einstellen, denn es ist nicht entscheidend, was wir tun, sondern wie stark wir uns auf die Beschäftigung konzentrieren. Fühlen wir uns beim Lernen über- oder unterfordert, tritt der angenehme Zustand des Flows jedoch nicht ein. Empfinden wir die Aufgaben als zu schwer, zu leicht oder zu langweilig, schweift der Geist ab. Ist das Gehirn nicht ausgelastet oder bekommt Schwierigkeiten, die Aufgabe zu bewältigen, stellt sich sogar Frust ein. Aus diesem Grund ist es so wichtig, dass man sich beim Lernen kleine, erreichbare Etappenziele setzt. Vertieft man sich dann in den Lernstoff und gewinnt ihm spannende Seiten ab, stellt man plötzlich überrascht fest, dass das Lernen Freude bereitet und dass selbst die Fächer, die man früher als schwierig oder öde eingestuft hatte, begeistern können.

Aktiv sein, einer Beschäftigung nachgehen ruft ange- nehme Gefühle hervor, macht glücklich. Dies gilt nicht nur für Freizeitbeschäftigungen, sondern für jede Art von Arbeit, die mit Konzentration einhergeht. Die Auf- merksamkeit, mit der wir uns einer Aufgabe widmen, wird von dem Botenstoff Dopamin gesteuert. Er wirkt auf die Nervenzellen im Stirnhirn, die für das Arbeitsgedächtnis zuständig sind und Wichtiges von Unwichtigem unter- scheiden. Wenn wir uns intensiv auf etwas konzentrie- ren, wird Dopamin verstärkt ausgeschüttet. Es lässt uns schneller und einfallsreicher denken. Gleichzeitig ruft es gute Gefühle hervor und wirkt wie eine Droge, die auf natürliche Weise high macht. Kommt zu dem Spaß an der Aufgabe auch noch ein Erfolgserlebnis, ein Triumph, der uns beweist, dass sich alle Anstrengungen gelohnt haben, werden gleichzeitig noch Opioide (körpereigene Stoffe, die der Droge Opium ähneln) ausgeschüttet, die uns in einen Glückszustand versetzen.

>>Freude kommt aus dem Willen, der sich abmüht, Hindernisse überwindet, triumphiert.<<

William Butler Yeats, irischer Dichter (1865–1939)

✔ Lerne regelmäßig und freue dich darauf, denn Lernen kann Spaß machen.

✔ Entspanne dich, bevor du anfängst zu lernen.

✔ Teile das Tages- oder Wochenziel (z. B. den Stoff für eine Prüfung) in mehrere kleine Etappen auf (z. B. eine bestimmte Menge Vokabeln) und erstelle einen Lernplan.

✔ Schalte alle Störquellen aus, motiviere dich für die betreffende Aufgabe, konzentriere dich mit festem Willen auf dein Ziel und fange sofort an zu arbeiten.

✔ Wähle als erstes Etappenziel eine Aufgabe, die dich nicht über-, aber auch nicht unterfordert.

✔ Kehre sofort zur eigentlichen Aufgabe zurück, wenn die Gedanken anfangs noch abschweifen, bis dein Geist von ganz allein bei der Sache bleibt. Ist die Konzentration erst einmal da, läuft die Arbeit wie von allein. Dein Körper belohnt dich mit der Ausschüttung von Dopamin, das deine Stimmung hebt. Du bist im Flow!

✔ Streiche jedes Etappenziel, das du erreicht hast, von deinem Lernplan. Genieße deinen Triumph! Die Anstrengungen haben sich gelohnt. Dein Körper dankt dir, indem er Opioide ins Blut abgibt, die dich glücklich machen. Gönne dir zur Belohnung eine Pause und genieße sie. Jetzt spürst du ein Hochgefühl. Du bist high!

## Lern-Tipp: Süchtig nach dem Flow!

Versetze dich jeden Tag beim Lernen in den Zustand des Flows. Er führt nicht nur zu besseren Noten, sondern macht dich auch zufrieden und glücklich. Magst du dich selbst, fällt es dir leichter, freundlich mit anderen umzugehen. Weil du locker und ausgeglichen bist, wirkst du anziehend auf andere und wirst neue Freunde gewinnen. Die guten Noten, die du nach Hause bringst, erfreuen deine Eltern und Lehrer, die plötzlich nichts mehr zu meckern haben. Keiner vermiest dir mehr die Laune. Dir geht es gut. Kurzum, dein Leben ändert sich auf allen Ebenen zum Positiven ...

>>Nicht brauchst du zu fürchten, deine Mühe sei verloren, wenn du für dich gelernt hast.<<

Lucius Annaeus Seneca,
römischer Dichter (4 v. Chr.–65 n. Chr.)

Bist du noch nicht ganz so weit? Die Schule nervt dich nach wie vor? Du brauchst auf dem Weg zum glücklichen Klassenstreber noch etwas Unterstützung? Dann hole sie dir! Jeder hat mal eine Krise, bei der er nicht allein weiterkommt. Wende dich an eine Beratungsstelle, wenn du dich von Eltern, Freunden und Lehrern nicht verstanden fühlst, wenn du traurig oder überfordert bist. Leute, die sich mit Schulproblemen auskennen, helfen dir weiter. Auf der nächsten Seite findest du die wichtigsten Adressen.

# Adressen

Beratungsstellen in Deutschland
Pro Familia: Kinder- und
Jugendtelefon (gebührenfrei)
Die Nummer gegen Kummer!
☎ 0800/111 0 333
Mo–Sa 14–20 Uhr

Telefonseelsorge (gebührenfrei)
☎ 0800/111 0-222 (kath.)
oder -111 (evang.)

Deutscher Kinderschutzbund
www.dksb.de

Beratungsstellen in Österreich
Rat auf Draht
☎ 147
Rund um die Uhr

Beratungsstellen in der Schweiz
Jugendberatungsstelle
der Stadt Zürich
☎ 044 444 50 50

Internet:
www.nummergegenkummer.de
www.schulprobleme.info
www.rechenschwaeche.de
www.zahlbegriff.de
www.legasthenie.net
www.hausaufgaben.net
www.klassenarbeiten.net
www.lernen-mit-spass.ch
www.fundus.org